Heinz-Georg Hepp

I0013789

Internet

Der neue Marktplatz für den Handel

Heinz-Georg Hepp

Internet

Der neue Marktplatz für den Handel

Bibliografische Information der Deutschen Nationalbibliothek:

Bibliografische Information der Deutschen Nationalbibliothek: Die Deutsche
Bibliothek verzeichnet diese Publikation in der Deutschen Nationalbibliografie;
detaillierte bibliografische Daten sind im Internet über http://dnb.d-nb.de/ abrufbar.

Copyright © 1997 Diplomica Verlag GmbH
Druck und Bindung: Books on Demand GmbH, Norderstedt Germany
ISBN: 978-3-8386-4026-6

http://www.diplom.de/e-book/219660/internet

Heinz-Georg Hepp

Internet
Der neue Marktplatz für den Handel

Diplomarbeit
an der Fachhochschule Bochum
Fachbereich Wirtschaft
Lehrstuhl für Prof. Dr. M. Frank Siegmann
Juli 1997 Abgabe

Diplom.de

Diplomica GmbH
Hermannstal 119k
22119 Hamburg

Fon: 040 / 655 99 20
Fax: 040 / 655 99 222

agentur@diplom.de
www.diplom.de

ID 4026
Hepp, Heinz-Georg: Internet · Der neue Marktplatz für den Handel
Hamburg: Diplomica GmbH, 2001
Zugl.: Bochum, Fachhochschule, Diplomarbeit, 1997

Diplomica GmbH
http://www.diplom.de, Hamburg 2001
Printed in Germany

Inhaltsverzeichnis   Seite

Abbildungsverzeichnis   Seite

Abkürzungsverzeichnis

ARPA	Advanced Research Projects Agency
BAPI	Business Application Programming Interface
CERN	European Laboratory for Particle Physics
DE-NiC	Network Information Center Deutschland
DFÜ	Datenfernübertragung
DPD	Deutscher Paket Dienst
EDI	Electronic Data Interchange
FH	Fachhandwerker
GH	Großhandel
GHZ	Großhandelszentralen
HH	private Haushalte
HTML	Hypertext Markup Language
i.d.R.	in der Regel
IDC	International Data Corporation
IETF	Internet Engineering Task Force
ISDN	Integrated Services Digital Network
ISOC	Internet Society
IT	Informationstechnologie
Kbps	Kilobyte pro Sekunde
LAN	Local Area Network
MA	Mitarbeiter
NIC	Network Information Center
POP	Point of Presence
priv.	privat(e)
RIPE	Réseaux IP Européens
RVZ	regionales Vertriebszentrum
S-HTTP	Secure-Hypertext Transfer Protocol
SSL	Secure Socket Layer
TCP/IP	Transmission Control Protocol/Internet Protocol
TQM	Total Quality Management
UPS	United Parcel Service
URL	Uniform Ressource Locator
WAZ	Westdeutsche Allgemeine Zeitung
WWW	World Wide Web

0   Einleitung

0.1   Problemstellung

Mit seiner Öffnung für die kommerzielle Nutzung Anfang der neunziger Jahre hat sich das Internet verändert. Ende der 60er Jahre für militärische Zwecke entworfen, entwickelte sich das Internet zu einer weltweiten Kommunikationsplattform. Es befindet sich im Übergang von einer technischen Mode zur Basistechnik der neuen Informationsgesellschaft. Der anfänglich militärische Grundgedanke ist dem Gedanken des weltweiten Austausches von Daten und Informationen für jedermann gewichen. Das Internet wird durch seine weltweite Verzweigung zunehmend als Kommunikations- und Absatzplattform für einzelne Unternehmen, aber auch für die gesamte Wirtschaft interessant. Durch das rapide Wachstum und die Internationalität eröffnet das Internet den Unternehmen neue Möglichkeiten, einen flexiblen und dynamischen Vertriebskanal für die eigenen Produkte und Informationen zu nutzen. Seine vielfältigen Einsatzmöglichkeiten können dem einzelnen Unternehmen sowohl einen quantifizierbaren Wettbewerbsvorteil als auch einen nicht quantifizierbaren Imagenutzen bringen. Aus diesem Grund steigt die Anzahl der im Internet engagierten Unternehmen stetig an.

Es reicht nicht aus, daß ein Unternehmen im Internet lediglich präsent ist, denn der Konsument nimmt aktiv am Datenaustausch teil, kommuniziert und interagiert so mit dem Unternehmen. Diese Interaktion bildet den entscheidenden Unterschied zwischen den traditionellen und den neuen Medien. Sie führt in eine Erlebniswelt, die der Konsument mitgestalten und prägen kann. Mehr als noch auf dem konventionellen Markt geht es im Internet darum, die Bedürfnisse und Forderungen der Zielgruppe zu erkennen, um nicht in der Menge präsenter Unternehmen unterzugehen. Der Kunde erwartet keine allgemeingültigen Informationen, sondern vielmehr ein individuell auf ihn zugeschnittenes Waren-, Informations- und Dienstleistungsangebot. Durch die vollständige Darstellung der Unternehmensaktivitäten im Internet, wie z.B. der Tätigkeitsfelder und des Sortiments, präsentiert man sich als zukunftsorientiertes und neuen Technologien aufgeschlossenes Unternehmen.

Die möglichen Wettbewerbsvorteile und –nachteile sind aufgrund der Neuartigkeit dieses Mediums nicht leicht zu überschauen. Zielsetzung dieser Diplomarbeit ist es daher, die Chancen und Risiken sowie die Einsatzmöglichkeiten und Perspektiven des betrieblichen Internet-Einsatzes aufzuzeigen und bei der Anwendung der neuen Technologie im Unternehmen eine Hilfestellung zu geben.

0.2   Gang der Untersuchung

Der Abschnitt 0 dient der Einführung in die grundlegenden Sachverhalte und Problemstellungen, die sich aus einer Internet-Präsenz ergeben. Im Abschnitt 1 werden das Internet, seine technischen Grundlagen und die verfügbaren Internet-Dienste sowie die Zugangsmöglichkeiten dargestellt und kurz erläutert. Der Abschnitt 2 befaßt sich mit der kommerziellen Nutzung des Internet sowie mit seinen zu beachtenden Chancen und Risiken. Eine modellhafte Ist-Beschreibung und Vision eines Internet-Einsatzes wird in Abschnitt 3 anhand eines Praxisbeispiels dargestellt und erläutert. Ein Resümee in Abschnitt 4 beschließt die Arbeit.

1   Das Internet

Das Internet ist ein weltweiter Verbund von Computern, ein Netzwerk das ursprünglich nur zum Austausch von Daten gedacht war. Als Legaldefinition für das Internet wird heute in der Literatur üblicherweise die Gesamtheit aller Netzwerke und Computer bezeichnet, die über TCP/IP-Verbindungen (vgl. Abschnitt 1.2) erreichbar sind.[1] Die folgenden Abschnitte geben eine grundlegende Einführung in das Internet und seine Dienste. Die Begriffe Internet und Netz werden im Folgenden synonym verwendet.

1.1   Organisationsstruktur

Das Internet entstand Ende der 60er Jahre aus dem ARPANET, welches im Auftrag des US-Verteidigungsministeriums durch die „Advanced Research Projects Agency" (ARPA) für militärische Zwecke entwickelt wurde.[2] Ziel war es, zuverlässige Methoden der Datenübertragung zu erforschen und zu testen, um im Falle eines evtl. Atomangriffs der UdSSR auf die USA Kommunikationsstörungen zu vermeiden.[3]

Die Einrichtung des Internet beruhte auf zwei wesentlichen Grundgedanken. Zum einen sollte ein Kommunikationsnetzwerk entstehen, das keine steuernde Zentraleinheit enthält und demnach von keiner Behörde kontrolliert wird, sondern aus de-

---

1) Vgl. Alex, Wulf, Bernör, Gerhard, UNIX, C und Internet, Berlin, Heidelberg 1994, S. 168.
2) Vgl. Fantapié Altobelli, Claudia, Hoffmann, Stefan, Werbung im Internet, Bd. 6, München o.J. S. 14.
3) Vgl. Alpar, Paul, Kommerzielle Nutzung des Internet, Berlin, Heidelberg 1996, S. 13 f.

zentralen Knoten besteht, die unabhängig voneinander existieren. Zum anderen sollten sich die Daten, in Paketen verpackt und mit der Adresse des Empfängers versehen, eigenständig den Weg durch die funktionierenden Teilbereiche des Netzes suchen.[4]

Nachdem sich der kalte Krieg zwischen den Großmächten USA und UdSSR entspannt hatte, nahmen sich die Wissenschaftler des Internet an, um ihre wissenschaftlichen Erkenntnisse aktuell auszutauschen und um miteinander zu kommunizieren.[5]

Aufgrund dieser dezentral organisierten Struktur besteht das Internet aus einer Vielzahl von Teilnetzen, welche von verschiedenen Netzbetreibern unterhalten werden. Dieser organisatorische Überbau hat sich aus mehreren Organisationen, zumeist im Umfeld von amerikanischen Universitäten, formiert. Sie gewährleisten einen reibungslosen Internet-Betrieb und übernehmen koordinierende Funktionen.[6] Im Vordergrund stehen dabei die ISOC und NIC, welche im Folgenden kurz vorgestellt werden.

Zahlreiche Organisationen aus verschiedenen Ländern haben sich 1992 zur ISOC zusammengeschlossen, die als Dachorganisation des Internet angesehen werden kann. Diese gemeinnützige Organisation mit Sitz in den USA sieht ihre Hauptaufgabe in der länderübergreifenden Koordination des Internet, in der Weiterentwicklung des Internet-Standards und in der Unterstützung aller Gruppen, die sich mit dem Betrieb und der Weiterentwicklung des Internet beschäftigen.[7] Auf die einzelnen Organisationen (vgl. Anhang S. 63), die der ISOC angehören, wird nicht weiter eingegangen.

Die Network Information Centers (NICs) zeichnen für die zentrale Vergabe von Domainnamen (vgl. Abschnitt 1.2) im Internet verantwortlich. Sie sind nach örtlicher Zuständigkeit unterteilt. Das InterNIC (Internet Network Information Center) ist primär für den amerikanischen Teil des Internet, das APNIC (Asian Pasific Network

---

4)   Vgl. Pelkmann, Thomas, Freitag, Reinhild, Business-Lösungen im Internet, Feldkirchen 1996, S. 13.

5)   Vgl. Berres, Anita, Marketing und Vertrieb mit dem Internet, Berlin, Heidelberg, New York 1996, S. 7.

6)   Vgl. Resch, Jorg, Marktplatz Internet, Unterschleißheim 1996, S. 16.

7)   Vgl. Alpar, Paul, a.a.O., S. 36 f

Information Center) für den asiatischen Teil zuständig. Die angrenzenden Regionen und die Verwaltung Europas wurden an das RIPE (Réseaux IP Européens) delegiert. Die Verwaltung des deutschen Internet hat das RIPE an das DE-NIC abgegeben, das vom Rechenzentrum der Universität Karlsruhe verwaltet wird.[8]

1.2 Technische Grundlagen

Das Internet ist nach dem Client-Server-Konzept aufgebaut. In einem solchen Kommunikationskonzept werden den einzelnen Rechnern durch ein Softwareprogramm bestimmte Aufgaben in einem Netzwerk zugeteilt.[9] Der Server stellt Informationen zur Verfügung, die der Benutzer mit Hilfe eines Client-Programms (z.B. WWW-Browser) vom Server abrufen kann.[10]

Jeder Rechner, der über eine Standleitung zu einer vorbestimmten Gegenstelle permanent mit dem Internet verbunden ist, wird als Host (Gastgeber) bezeichnet.[11] Bei seiner Verwendung als Wählzugang für einen anderen Rechner zum Internet, wird der Host als Knoten betrieben.[12] Der Host-Besitzer fungiert in diesem Fall als Internet-Service-Provider[13] (kurz: Provider). Jeder Host bekommt von der für ihn zuständigen Behörde (z.B. DE-NIC für Deutschland) eine eindeutige Nummer (IP-Adresse z.B. 129.29.64.246) zugewiesen, über die er erreichbar und eindeutig zu identifizieren ist.[14]

Um Daten und Informationen im Internet zwischen unterschiedlichen Rechnertypen und Netzen übertragen zu können, wird ein einheitliches Protokoll (TCP/IP) verwendet.[15] Als ein Protokoll wird hierbei ein Satz von Regeln und Vorschriften bezeichnet, der der Verständigung zwischen den unterschiedlichen Netzteilnehmern im Internet dient.[16] Es besteht aus Folgen von binären Daten, die in Gruppen aufge-

---

8) Vgl. Resch, Jörg, a.a.O., S. 16.

9) Vgl. Babatz, Robert, u.a., Internet für die obersten Bundesbehorden, Bonn 1995, S. 83.

10) Vgl. Lampe, Frank, Business im Internet, Braunschweig, Wiesbaden 1996, S. 245.

11) Vgl. Resch, Jörg, a.a.O., S. 18.

12) Vgl. Lampe, Frank, a.a.O., S. 25

13) Internet-Service-Provider sind spezialisierte Anbieter, die ausschließlich gegen Entgelt einen Zugang zum Internet über sog. POPs (Points of Presence) bieten. Im Gegensatz zu Online-Diensten verzichten sie auf eigene Angebote.

14) Vgl. Teufel, Tim, u.a., Windows 95 Technik Guide. Düsseldorf 1996, S. 809

15) Vgl. Lampe, a.a.O., S. 24.

16) Vgl. Alex, Wulf, Bernör, Gerhard, a.a.O., S 165

teilt und in Paketen (i.d.R. < 1.500 Byte) zusammengefaßt werden.[17] Bei TCP/IP handelt es sich allerdings nicht um ein einziges Protokoll, sondern um eine Protokollfamilie, die in verschiedenen Schichten aufeinander aufbaut und modular miteinander verknüpft ist.[18]

Die Hauptaufgabe von IP (Internet-Protocol) besteht in der Adressierung der zu versendenden Datenpakete. Dabei übernimmt das IP die Funktion eines Briefumschlags, der die Absender- und die Ziel-Adresse (z.B. Host-Nr. 129.29.64.246) in einer Kopfzeile (Header) enthält und somit die Weiterleitung der Daten an den Bestimmungsort ermöglicht. Das IP ist allerdings erst in der Kombination mit TCP (Transmission Control Protocol) praktisch einsetzbar.[19]

TCP teilt die Daten in Datenpakete auf und sorgt für die Zusammensetzung der Pakete in der richtigen Reihenfolge beim Empfänger.[20] In der Praxis bedeutet dies, daß TCP der IP-Funktionalität einen Mechanismus hinzufügt, der überprüft, ob das gesamte Datenpaket auch tatsächlich beim Empfänger eingetroffen ist. Geht bei der Übertragung ein Paket verloren, zum Beispiel durch Leitungs- oder Übertragungsstörungen, so wird eine neue Datenübertragung angefordert.[21] Die Vorspanne zur Gewährleistung der richtigen Reihenfolge der Zusammensetzung der Daten beim Empfänger und die Bildung einer Prüfsumme sind unabdingbar. Daher liegt es in der Natur von TCP, daß sich Verbindungen verhältnismäßig langsam aufbauen und der Datenumfang erhöht wird.[22]

Um ebenso die Verbindung von Netzwerken mit unterschiedlichen Netzwerk-Protokollen über das Internet zu ermöglichen, werden sog. Gateways (Verbindungsrechner) eingesetzt, die die Verbindung über die Protokollgrenzen hinweg herstellen.[23] So ist es z.B. möglich, ein lokales Inhouse-System mit dem Internet über eine Telefonleitung zu verbinden, auch wenn im Inhouse-System ein anderes Protokoll ver-

---

17) Vgl. Liu, Cricket, u.a., Internet-Server: Einrichten und Verwalten, Bonn 1995, S. 9

18) Vgl. Hosenfeld, Friedhelm, Brauer, Kai, Kommunikation ohne Grenzen, in C't, Heft 12 (1995), S. 330.

19) Vgl. Mocker, Helmut, Mocker, Ute, Intranet – Internet im betrieblichen Einsatz, Frechen-Königsdorf 1997, S. 43.

20) Vgl. Alex, Wulf, Bernor, Gerhard, a.a.O., S. 167

21) Vgl. Kyas, Othmar, Sicherheit im Internet, Bergheim 1996, S. 61

22) Vgl. Hosenfeld, Friedhelm, Brauer, Kai (1995), a.a.O., S. 331

23) Vgl. Alpar, Paul, a.a.O., S. 27 f

wendet wird.[24] Im Unterschied zu den Gateways sind sog. Router (Paketsortier-
maschinen) für die Verbindung von Netzwerken zuständig, die dasselbe Protokoll
(z.B. beide Seiten TCP/IP) verwenden.[25]

Wie bereits o.a. haben permanent mit dem Internet verbundene Rechner eindeutige
Adressen. Diese lassen sich in die bereits vorgestellten numerischen IP-Adressen
und in die einfachere Buchstabenversion des Domain-Name-Systems unterteilen.[26]

Mit Hilfe des Domain-Name-Systems, welches schon in den Anfängen des Internet
geschaffen wurde, ist es möglich, die Zahlenreihen der IP-Adressen in logische Namen (Domain-Name) umzuformen und zu verwalten.[27] Diese Aufgabe übernehmen
sog. Domain-Name-Server (DNS-Server)[28], die hierarchisch angeordnet sind, sich
an verschiedenen Punkten der Welt befinden und die Adressen und Namen der
angeschlossenen Rechner verwalten.[29] Die Umwandlung in Domain-Namen hat den
Vorteil der besseren Lesbarkeit, da der Benutzer nicht die kryptische Zeichenfolge
einer IP-Adresse eingeben muß.[30]

Einen eigenen Domain-Namen können Unternehmen und Privatpersonen bei der
zuständigen Behörde, z.B. beim DE-NIC für Deutschland, kostenpflichtig registrieren
lassen. Die Kosten belaufen sich im Monat auf ca. 100,- DM. Diese Registrierung
hat den Vorteil, daß man bei einem Providerwechsel unabhängig von der neuen IP-
Adresse den Domain-Namen beibehalten kann, derselbe Name nur einmalig vergeben wird und das Unternehmen unter seinem Namen im Internet aufzufinden ist
(z.B. Vaillant.de).[31] Dabei bezeichnet „de" (Top-Level-Domain) ein deutsches Inter-
net-Angebot. Weitere Top-Level-Domains sind im Anhang auf S. 63 aufgeführt. Bestehende Urheberrechte sind bei der Namenswahl zu beachten. Unter der Adresse
http://www.de-nic.de/Domains/reservedDomains.html kann man überprüfen, ob ein
Name im Internet bereits vergeben ist.

24) Vgl. Alex, Wulf, Bernör, Gerhard, a.a.O., S. 46.
25) Vgl. Alpar, Paul, a.a.O., S. 28.
26) Vgl. Lampe, Frank, a.a.O., S. 30.
27) Vgl. Resch, Jörg, a.a.O., S. 21.
28) Domain-Name-Server sind Rechner bzw. Programme, welche die Adressen und Namen der an-
    geschlossenen Computer und Netzwerke verwalten.
29) Vgl. Lampe, Frank, a.a.O., S. 30.
30) Vgl. Siyan, Karanjit, Hare, Chris, Internet Firewalls & Netzwerksicherheit, Haar bei München
    1995, S. 34.
31) Vgl. Hüskes, Ralf, Ehrmann, Stephan, Großer Auftritt, in C't, Heft 3 (1997), S. 134 f.

1.3 Verfügbare Internet-Dienste

Das Internet stellt verschiedene Dienste zur Verfügung. Sie haben sich, wie das Internet selbst, über Jahre entwickelt und bauen ebenfalls auf das TCP/IP-Protokoll auf.[32] Die folgende Tabelle gibt eine Übersicht der bedeutendsten Dienste und ihre verschiedenen Nutzungsmöglichkeiten, die im weiteren Verlauf näher betrachtet werden.

Abbildung 1: Übersicht und verschiedene Nutzungsmöglichkeiten der Internet-Dienste

Nutzung	Internet-Dienste				
	WWW	E-Mail	FTP	Telnet	UseNet
Informationsbeschaffung	x x x x x	x x x	x x x x	x x x	x x x x
Kommunikation	x x x	x x x x x	x x x	x x	x x x x x
Marketing	x x x x x	x x x x x	x	x	x

. . . . . = sehr hohe Eignung, x = sehr geringe Eignung

Quelle   Lampe, Frank, Business im Internet, Braunschweig/Wiesbaden 1996, S. 14, (leicht modifiziert)

Das WWW (World Wide Web) wurde im Jahre 1989 vom CERN (European Laboratory for Particle Physics) entwickelt und stellt den wohl wichtigsten Dienst im Internet dar. Mit Hilfe dieses Systems sollte der Versuch unternommen werden, die gesamten im Internet vorhandenen Informationen als ein verteiltes hypertextartiges Dokument zur Verfügung zu stellen.[33] Ziel war es, ein multimediales Informations-system zu schaffen, daß den Abruf von Texten, Bildern, Audiodaten (Töne) und Fil-men ermöglichen sollte.[34] Mit diesem Hypertext-System lassen sich heute komplexe Inhalte logisch miteinander verknüpfen. Es bietet eine neue Möglichkeit der Orga-nisation von Daten und Informationen.[35] Mittels sog. Web-Browser können Daten und Informationen auf den weltweit verstreuten Web-Pages oder Web-Sites[36] abge-rufen werden. Die zugrundeliegende Programmiersprache ist HTML (Hypertext Markup Language). Diese ist relativ leicht zu erlernen. Mittels in HTML erstellter Pages ist es möglich, Wörter oder Grafiken mit einem Link (Verweise auf ein anderes Hypertext Dokument) zu hinterlegen. Durch Anklicken eines solchen Ver-

---

32) Vgl. Lampe, Frank, a.a.O., S. 29.
33) Vgl. Lévy, Pierre, Cyberkultur, in: Bollmann, Stefan. Heibach. Christiane (Hrsg.), Kursbuch Inter-net, Mannheim 1996, S. 56.
34) Vgl. Barret, Daniel J., Gauner und Ganoven im Internet. Bonn 1996. S. 10 f
35) Vgl. Resch, Jörg, a.a.O., S. 25.
36) Sammelangebot im Internet. Auf einem WWW-Server können sich mehrere Sites befinden.

weises wird dieser aktiviert, d.h. das entsprechend hinterlegte Dokument wird von einem WWW-Server geladen. Die Adressierung von WWW-Sites erfolgt dabei durch die Eingabe eines sog. URL (Uniform Ressource Locator). Mittels dieses URL ermittelt der WWW-Browser den Web-Server sowie das Verzeichnis, unter dem das Dokument abgelegt wurde (z.B. http://www.focus.de/DC/DC14/dc14.htm).[37]

E-Mail ist ein inzwischen weit verbreiteter Dienst im Internet. Mittels eines speziellen Protokolls (SMTP = Simple Mail Transfer Protocol) werden Dokumente, Dateien und Informationen jeglicher Art von Computer zu Computer rund um die Welt verschickt. Der wesentliche Vorteil von E-Mail gegenüber der normalen Briefpost liegt in der enormen Übertragungsgeschwindigkeit. Die Nachrichten erreichen den Empfänger im Normalfall innerhalb weniger Minuten, maximal innerhalb von wenigen Stunden, und werden in einem elektronischen Briefkasten abgespeichert. Zu einem beliebigen späteren Zeitpunkt kann der Empfänger die Nachrichten aus seinem Briefkasten abrufen. Aufgrund seiner kostengünstigen und schnellen Übertragung bietet die E-Mail erhebliche Vorteile bei der internen bzw. externen Kommunikation in den Unternehmen. Beispiele sind die Beantwortung von Kundenanfragen durch den Kundendienst wie auch die Übermittlung von Nachrichten an bestimmte Projektgruppen oder Abteilungen innerhalb des Unternehmens ohne Zeitverlust durch den herkömmlichen Weg.[38] Allerdings birgt diese neuartige Informationsübermittlung auch Nachteile. Aufgrund der generell fehlenden Sicherheit im Internet können E-Mail-Nachrichten mit einer Postkarte verglichen werden, deren Text jedermann zugänglich ist. Auf dem Weg zum Empfänger wird die Nachricht über eine Vielzahl von Computern geschleust, die die Nachricht an den Bestimmungsort weiterleiten. Dabei besteht die Gefahr, daß sog. Hacker die E-Mails mit Hilfe spezieller Software lesen, (ver-) fälschen oder löschen. Aus diesem Grund ist es in vielen Unternehmen untersagt, vertrauliche Daten über das Internet per E-Mail zu verschicken. Ein Lösungsansatz für dieses Problem könnte PGP (Pretty Good Privacy) sein. Dieses Programm bietet, aufbauend auf den in Abschnitt 2.3.1 erläuterten kryptologischen Verfahren, ein sehr gutes Sicherheitssystem für E-Mail und Dateien an.[39]

---

37) Vgl. Berberich, Frank, Lindenau, Annette, Witte, Heide, Durchs Netz der Netze, in: PC-Welt, Heft 3 (1996), S. 231.
38) Vgl. Bess, Jörg, Franke, Götz, Die Vernetzung der Teams, in: Capital, Heft 3 (1997), S. 236.
39) Vgl. Pötzsch, Jürgen, Wasem-Gutensohn, Jürgen, Verschlußsache, in: PC DOS Magazin, April 1997, S. 256 f.

Das FTP (File Transfer Protocol) ist ein Programm, mit dessen Hilfe man Dateien und Daten zwischen Rechnern übertragen kann.[40] Voraussetzung für die Nutzung sind Accounts (Zugangsberechtigung mit Benutzername und Paßwort) auf dem FTP-Client und dem FTP-Server. Da das Paßwort i.d.R. unverschlüsselt durch das Netz geschickt wird und von geübten „Netzpiraten" leicht ausgespäht werden kann, zählt auch FTP nicht zu den sichersten Diensten im Internet. Eine andere Zugriffsmöglichkeit ist anonymous FTP, bei dem eine öffentliche Zugangsberechtigung auf den FTP-Server besteht.[41]

Telnet ist ein einfacher, aber wirkungsvoller Dienst im Internet. Er bietet einen interaktiven Zugriff auf einen entfernten Rechner und erlaubt, dort installierte Programme zu starten und zu nutzen. Via Telnet werden z.B. Datenbanken oder andere Informationssysteme genutzt. Der Anwender benötigt ebenso wie bei FTP einen Account, um sich auf dem Remote-System einzuloggen.[42]

Newsgroups sind thematisch gegliederte Diskussionsforen bzw. öffentliche Nachrichten, die im Internet auf zentralen News-Servern gehalten und auf die mit sog. News-Readern zugegriffen werden kann. Zur Zeit existieren etwa 16.000 verschiedene Diskussionsforen. Wie im Internet gibt es auch für diese Diskussionsforen keine übergeordnete Instanz. Sie sind mit riesigen Tageszeitungen mit Fachartikeln, Leserbriefen und Kleinanzeigen vergleichbar. Newsgroups werden von den Menschen betrieben, die sie nutzen.[43]

1.4 Zugangsmöglichkeiten

Für die Realisierung eines Internet-Business sind im vorhinein verschiedene Aspekte zu beachten. An erster Stelle steht die Auswahl eines geeigneten Internet-Service-Providers, der über einen direkten Anschluß an die nationalen Hauptleitungen der Telefongesellschaften verfügt. Grundsätzlich kann man zwischen zwei Arten von

40) Vgl. Schauecker, Renée, Unbarmherzig technischer Ausklang, in: Bollmann, Stefan, Heibach Christiane (Hrsg.), Kursbuch Internet, a.a.O., S. 502.

41) Vgl. Resch, Jörg, a.a.O., S. 23.

42) Vgl. Arbeitskreis Technik der Konferenz der Datenschutzbeauftragten des Bundes u. der Länder, Orientierungshilfe zu Datenschutzfragen des Anschlusses von Netzen der öffentlichen Verwaltung an das Internet, Berlin 1995, S. 11, http://www.datenschutz-berlin.de/jahresbe/95/sonstige/internet.htm#nr3 (10.04.1997).

43) Vgl. Canter, Laurence A., Siegel, Martha S. Profit im Internet. Düsseldorf, München 1995, S. 325.

Providern unterscheiden. Zum einen die Provider, deren ausschließlicher Geschäftszweck es ist, ein eigenes Netzwerk zur Anbindung anderer an das Internet zu unterhalten, zum anderen diejenigen, die ihren Mitgliedern auf nicht-kommerzielle Weise einen Internet-Zugang ermöglichen.[44] Bei letzteren handelt es sich um Universitäten, Vereine (z.B. Individual Network e.V.) oder bereits ans Internet angeschlossene Unternehmen. Kommerzielle Anbieter, wie z.B. EUnet (Dortmund) und MAZ (Hamburg), unterhalten i.d.R. in jeder größeren Stadt in Deutschland einen POP und bieten den Zugang zum Internet gegen Entgelt an. Dies ist zumeist zum Ortstarif der Telekom möglich.[45]

Eine weitere Zugangsmöglichkeit bieten Online-Dienste, die neben einem eigenen zentral gesteuerten Angebot mittlerweile auch einen Internet-Zugang für private HH ermöglichen. Da die Relevanz dieser Dienste für Unternehmen eher unbedeutend ist, bleiben sie in der folgenden Betrachtung unbeachtet.[46]

Der folgende Kriterienkatalog soll als Hilfestellung für die Auswahl eines geeigneten Providers dienen.

⇒ Netzwerkzuverlässigkeit

Zur Gewährleistung einer sicheren Datenübertragung und eines 24h Zugangs ist ein störungsfreies Provider-Netz unabdingbar. Kennzeichnend für einen leistungsfähigen Provider sind die Anbindungen an das Internet über mehrere Leitungen, der mögliche Rückgriff auf eine automatische Backup Leitung und der Abschluß von Sonderentstörungsverträgen mit dem Telekom-Anbieter, welche ein schnelles Eingreifen bei einem Ausfall garantieren.[47]

⇒ Netzwerkdurchsatz

Ein hoher Netzwerkdurchsatz ist ein Garant für zufriedene Kunden. Durch lange Ladezeiten des Internet-Angebots wird der Kunde abgeschreckt, da dieser auch für die unnötige Verweildauer auf der Homepage Telekom-Gebühren bezahlen muß. Demnach ist ein leistungsfähiger Provider auszuwählen, der mindestens ISDN-Bandbreiten vorweisen kann.[48]

44) Vgl. Lampe, Frank, a.a.O., S. 195.
45) Vgl. Berres, Anita, a.a.O., S. 42 ff.
46) Vgl. Lampe, Frank, a.a.O., S. 44 f.
47) Vgl. Hüskes, Ralf, Ehrmann, Stephan, a.a.O., S. 135.

⇒ Sicherheit

Die relevanten Sicherheitsaspekte, die sich aus der Art des Geschäftes im Internet ergeben, werden unter Abschnitt 2.3 weiter erläutert. Grundsätzlich muß man von seinem Provider die gängigsten Sicherheitsmechanismen und -maßnahmen erwarten.[49]

⇒ Lokaler Anschluß

Ein lokaler Anschluß ist von entscheidender Bedeutung für die Berechnung der Onlinegebühren vom Unternehmen zu seinem jeweiligen Provider. Es ist ein Provider auszuwählen, der sich geografisch in der Nähe des Unternehmens befindet, denn die Standleitungen werden pro Kilometer mit einem monatlichen Betrag und die Gebühreneinheiten pro Anwahl des Providers nach einem Regionstarif berechnet (vgl. Abschnitt 2.2.1).[50]

⇒ Zukunftspläne

Die Leitungskapazitäten des Providers sind kongruent mit den steigenden Bedürfnissen durch eine vermehrte Internet-Nutzung auszubauen, damit dieser auch weiterhin adäquate Leistungen anbieten kann.[51]

⇒ Kundendienst und Support

Ein nicht zu vernachlässigendes Kriterium neben der Bereitstellung des Internetzugangs ist der Kundendienst und der Support des Providers. Neben kompetenten MA, die technische Hilfestellung leisten, sollte der Provider über eine 24h-Hotline für außergewöhnliche Vorfälle verfügen.[52]

Wie die vorherigen Ausführungen zeigen, hat sich das Internet im Laufe der Jahre aufgrund seiner Struktur zu einem Medium der weltweiten Kommunikation entwickelt, daß den Unternehmen verschiedenartigste Dienste für ihre unternehmerischen Aktivitäten bietet. Der folgende Abschnitt beschäftigt sich mit der kommerziellen Nutzung des Internet und mit den Chancen und Risiken, die auf dem neuen Marktplatz für den Handel bestehen.

48) Vgl. Lampe, Frank, a.a.O., S. 205.
49) Vgl. Alpar, Paul, a.a.O., S. 133.
50) Vgl. Hüskes, Ralf, Ehrmann, Stephan, a.a.O., S. 135.
51) Vgl. Alpar, Paul, a.a.O., S. 137 f.
52) Vgl. Holtschneider, Henning, Storm, Ingo T., Von Pipelines und Strohhalmen, in: C't, Heft 1 (1996), S. 117.

2   Kommerzielle Nutzung des Internet

Die Umweltbedingungen ändern sich in einem rasantem Tempo, neue Kommunika-
tionsformen entstehen ebenso, wie neue Strukturen und Bedürfnisse. Dies geschieht sowohl auf der Nachfrage- als auch auf der Angebotsseite. Aus diesem
Grund muß sich jedes Unternehmen entscheiden, ob es dem anhaltenden Boom
des Online-Marktes Rechnung trägt und sich das nötige Know How für eine kon-
kurrenzfähige Positionierung in diesem jungen Markt aneignet. Die folgenden Ausführungen geben einen Einblick in die bisherige Nutzerstruktur, die zu erwartende
Entwicklung des Internet, den Aufbau eines Web-Business und sicherheitsrelevante
Fragen, die sich aus der Geschäftsabwicklung im Internet ergeben.

2.1   Daten zum Internet

Zahlen und Daten zum Internet sind mit einer gewissen Skepsis zu betrachten, da
sie aus unterschiedlichen Quellen stammen und sie keine Angaben über die Erhe-
bungsmethoden bzw. Schätzungen enthalten. Da es an einer zentralen, überwa-
chenden Organisation fehlt, ist die Undurchsichtigkeit des Netzes ein weiteres ge-
nerelles Problem. Dennoch werden im Folgenden einige Daten zum Internet zu-
sammengetragen, um einen Einblick in die Struktur, Erwartungen und Potentiale zu
geben.[53]

2.1.1 Nutzer des Internet

Durch die verschiedenen Zugangsmöglichkeiten, z.B. über den Arbeitgeber, Universitäten oder Familienangehörige, ist die Zahl der Zugänge und damit die Nutzung
des Internet nur grob schätzbar.[54]

Eine Umfrage der CommerceNet/Nielsen Media Research im Herbst 1995 geht von
ca. 37 Millionen Internet-Nutzern in Nordamerika (USA und Canada) aus.[55] Diese
Zahl hat sich nach Angaben von CommerceNet/Nielsen Media Research im März

---

53)   Vgl. Resch, Jörg, a.a.O., S. 135 f.
54)   Vgl. Lampe, Frank, a.a.O., S. 39.
55)   Vgl. Ritter, Andreas, Kommerzielle Einsatzbereiche des Internet, München 1996, S. 1, http://
      www.iuk.bwl.uni-muenchen.de/studium/seminar/seminar-ss96.html (07.05.1997)

1997 bereits mehr als verdoppelt.[56] Nach einer IDC-Studie „The Emerging European Internet Access Market" wird die Zahl der Internet-Nutzer in Europa von 8,9 Millionen in 1996 auf 35 Millionen im Jahr 2000 steigen.[57] Die gegenwärtige Divergenz zwischen Europa und Nordamerika ist auf die allgemeine Zurückhaltung gegenüber technischen Neuerungen in Europa zurückzuführen. In Deutschland besitzen ca. 2,75% der Gesamtbevölkerung einen Zugang zum Internet. Aufgrund des sich rasch vollziehenden Technologiewandels wird der Computer immer mehr zum universellen Kommunikationsmedium. Während 1995 ca. 15 Millionen PCs in Deutschland installiert waren, wurde für 1996, so vorsichtige Schätzungen, mit einem Zuwachs von etwa 4 Millionen auf insgesamt 19 Millionen gerechnet.[58] Auf die steigenden Nutzerzahlen wird mit einer Erhöhung des Angebots an Web-Sites reagiert (vgl. Abbildung 2).

Abbildung 2. Wachstum des World Wide Web von 1993 bis 1997

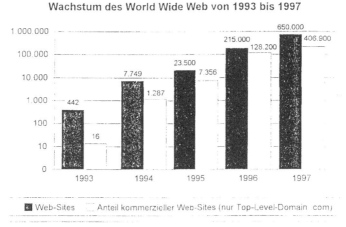

Wachstum des World Wide Web von 1993 bis 1997

■ Web-Sites   Anteil kommerzieller Web-Sites (nur Top-Level-Domain .com)

Quelle: Gray, Matthew, Web Growth Summary, o.O. 1996, http://www.mit.edu/people/mkgray/net/web-growth-summary.html, (leicht modifiziert).

Das Durchschnittsalter der Internet-Nutzer liegt in Europa nach IDC bei ungefähr 30 Jahren. Der Bildungsgrad ist überdurchschnittlich hoch (über 50% Abitur und 37%

---

56) Vgl. Corman, Patrick, Bressler, Stacey, Loftus, Jack, „Startling Increase", in: Internet Shopping. Palo Alto 1997, S. 1, http://www.commerce.net/work/pilot/nielsen_96/press_97.html (16.05.1997).

57) Vgl. Ranft, Sabine, Nutzung des Internet in Europa. in: Computerwoche, Nr. 48 (1996), S. 25.

58) Vgl. Harms, Jörg Menno, Computertechnik, Telekommunikation, Unterhaltungselektronik und Medien wachsen zusammen, in: BMWi Report, Bonn 1995, S. 5.

Hochschulabschluß)[59] und der Anteil der Nutzer mit einem Jahreseinkommen von unter 15.000 US$ bzw. über 100.000 US$ nimmt zu.[60] Nach Angaben des Fraunhofer Instituts in Stuttgart haben 61% der Anwender Interesse am Online-Shopping und 35% der Befragten können sich die elektronische Bezahlung übers Internet vorstellen.[61] Allerdings liegen die Vorlieben der Netizen (Internet-Nutzer) nicht im Online-Shopping, wie man aufgrund des immer weiter steigenden Angebots meinen könnte, sondern vielmehr in der Weiterbildung oder Informationssuche (vgl. Abbildung 3).

Abbildung 3: Nutzung des WWW in Prozent

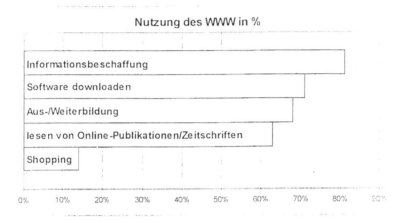

Quelle: Resch, Jörg, Marktplatz Internet, Unterschleißheim 1996, (leicht modifiziert)

2.1.2 Unternehmen im Internet

Im Zusammenhang mit einer Studie der Infratest Burke InCom in Zusammenarbeit mit der InnovaMedia GmbH München wurden 500 der umsatzstärksten Großunternehmen in Deutschland und 150 Großunternehmen in Österreich sowie 100 Großunternehmen in der Schweiz zur kommerziellen Nutzung des Internet befragt. Das Ergebnis dieser Umfrage ist eine optimistische Einschätzung der kommerziellen Bedeutung des Internet. 69% der befragten Unternehmen nutzen das Internet bereits

---

59) Vgl. Mocker, Helmut, Mocker, Ute, a.a.O., S. 25
60) Vgl. Altobelli Fantapié, Claudia, Hoffmann, Stefan (o.J.), a.a.O., S. 80 f
61) Vgl. Mocker, Helmut, Mocker, Ute, a.a.O., S. 24

für ihre Geschäftstätigkeiten, weitere 20% planen diesen Schritt für 1997.[62] Als Ursache dafür kann ein geschätztes Handelsvolumen von ca. 4,8 Milliarden US$ im Jahre 1999 angesehen werden.[63] Die Abbildung 4 unterstreicht die positiven Erwartungen und das Wachstumspotential des Netzes, wobei die Erwartungen in der BRD deutlich hinter denen in den USA zurückbleibt.

Abbildung 4: Umsatzprognose für das Internet bis ins Jahr 2000

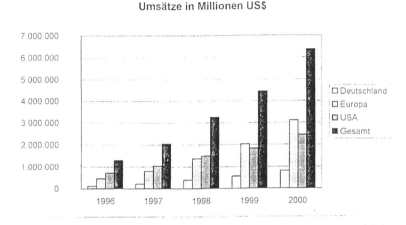

Umsätze in Millionen US$

Quelle: Fantapié Altobelli, Claudia, Hoffmann, Stefan (o.J.), Werbung im Internet, Bd. 6, München o.J., S. 15?, (leicht modifiziert)

Die Unternehmen erhoffen sich durch die Präsentation im Internet eine qualitative Verbesserung ihrer Leistung sowie eine aktive Zusammenarbeit mit dem Konsumenten, um ihn langfristig an das Unternehmen zu binden.[64] Das wichtigste Ziel ist die Imagepflege und die Verbesserung der Wahrnehmung der Unternehmung durch den Kunden.[65] Dies kann z.B. durch einen über das Internet angebotenen Service bzw. Support in Form von Kundenforen, technischer Produktunterstützung und einer 24h Hotline realisiert werden. Diese verbesserten Informationsleistungen stellen für die Unternehmen Qualitätsverbesserungen dar, mit denen sie sich von den Mitbe-

---

62) Vgl. Pfleiderer, Rolf, Fugmann, Jürgen, Rosin, Matthias, Kommerzielle Internet-Nutzung der Großunternehmen, München 1997, S. 1 f.

63) Vgl. Freyermuth, Gundolf S., Cyberwirtschaft, in: Bollmann, Stefan, Heibach, Christiane (Hrsg.), Kursbuch Internet, a.a.O., S. 182.

64) Vgl. o.V., Deutsche Unternehmen im Internet: Eine empirische Untersuchung, in: Arbeitsbericht Nr. 71 des Instituts für Wirtschaftsinformatik der Universität Bern, Bern 1995, S. 18.

65) Vgl. o.V. Unternehmen erhoffen sich von Internet-Anbindung Image-Gewinn, in: Computerwoche Nr. 24 (1997), S. 25

werbern am Markt abheben bzw. sich einen Wettbewerbsvorteil verschaffen. Unternehmen, die schon über einen längeren Zeitraum im Internet vertreten sind, sehen Kostensenkungspotentiale durch einen besseren und schnelleren Zugang zu Informationen und die daraus resultierende kürzere Bearbeitungszeit der Prozesse sowie eine positive Wirkung bei der Gewinnung neuer Kunden.[66]

Zur Beurteilung der Wirtschaftlichkeit müssen die einmaligen Investitionen, die laufenden Kosten sowie der Nutzen bzw. die Ertragssteigerung betrachtet werden. Eine in schweizer und deutschen Firmen durchgeführte Studie verdeutlicht, daß zwar viele Unternehmen die Ausgaben (Investitionen in Hard- und Software, laufende Kosten der Unterhaltung) ihrer Internet-Präsenz quantifizierten, ihnen aber keine Einnahmen gegenüberstellten. Daraus läßt sich folgern, daß die Internet-Präsenz in vielen Fällen nicht auf quantifizierbare Ertragssteigerung, sondern auf die zukünftigen lukrativen Nutzungsmöglichkeiten abzielt.[67]

Maßgebliche Impulse für die Nutzung des Geschäftsfeldes Internet geben in erster Linie die EDV-, Marketing- und Vertriebsabteilungen der Unternehmen. Für diese werden die Internet-Potentiale vermehrt zur Unterstützung betrieblicher Abläufe eingesetzt, da diese Bereiche z.B. im Gegensatz zum Finanz- und Rechnungswesen verstärkt in ihrer Wertschöpfung unterstützt werden können.[68]

Neben den o.g. Chancen sehen die Unternehmen in finanziellen Transaktionen über das Netz und in der Anbindung des internen Netzes an das Internet große Risiken. Sicherheitsbedenken und fehlende staatliche Rahmenbedingungen halten also noch viele Unternehmen von der kommerziellen Nutzung des Internet ab.[69] Dennoch erkennen die Verantwortlichen dahingehend eine positive Entwicklung, daß die Sicherheit der Transaktionen im Netz in Zukunft gewährleistet sein wird und der Staat die nötigen Bedingungen schaffen wird, ohne die Wirtschaft in ihren Tätigkeiten einzuengen.[70]

---

66) Vgl. Kaufmann, André, Sieber, Pascal, Kommerzielle Internetnutzung in der Schweiz und in Deutschland, Bern 1996, S. 4 f.
67) Vgl. Griese, Joachim; Sieber, Pascal, Internet Nutzung für Unternehmungen, Griese, Joachim, Grünig, Rudolf, Kühn, Richard (Hrsg.), Praxishilfen für Unternehmungen, Bd. 3, Bern, Stuttgart, Wien 1996, S. 35.
68) Vgl. Kaufmann, André, Sieber, Pascal, a.a.O., S. 6.
69) Vgl. Manger, Roland, Sicherheit im Internet – Mehr als nur Hardware und Firewalls, in Sonderdruck aus der Computerwoche-Studie Intranet, München o.J., S. 1.
70) Vgl. Beiersdorf, Wilfried, Internet braucht weltweite Regeln, in WAZ vom 08.07.1997, S. 5

Abbildung 5: Kommerzielle Nutzung im Branchenvergleich

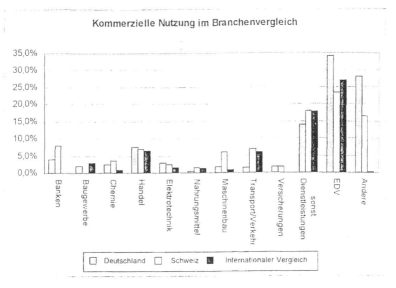

Quelle: Griese, Joachim, Sieber, Pascal, Internet: Nutzung der Unternehmungen, Griese, Joachim, Grünig, Rudolf, Kühn, Richard (Hrsg.), Praxishilfen für Unternehmungen, Bd. 3, Bern, Stuttgart, Wien 1996, S. 51. (leicht modifiziert).

Die EDV-Branche ist mit einem hohen Anteil im Internet vertreten und übernimmt dadurch eine Vorreiterrolle bei der kommerziellen Nutzung (vgl. Abbildung 5). Dies ist nicht verwunderlich, da gerade diese Unternehmen in einer Vielzahl von Fällen zu den Pionieren der Nutzung neuer Informations- und Kommunikationstechnologien gehören. Auffällig ist auch der relativ hohe Anteil der übrigen Dienstleistungsunternehmen sowie der Anteil des Handels.

Die Zukunftserwartungen der Unternehmen ist aus der Abbildung 6 ersichtlich. Sie läßt durchaus eine gewisse Skepsis erkennen. Die Entscheider in den Großunternehmen sehen aber auch eine positive Zukunft des Internet als Medium marktgerichteter Kommunikation. Das Meinungsbild in den Geschäftsleitungen vieler Großunternehmen ist durch Zukunftsoptimismus geprägt.

Abbildung 6. Zukunftserwartungen der Unternehmen

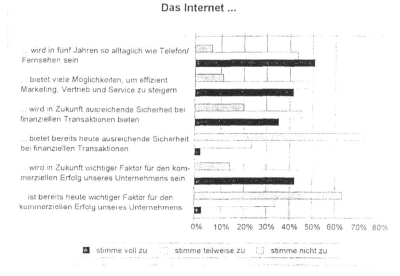

Das Internet ...

... wird in fünf Jahren so alltaglich wie Telefon/ Fernsehen sein

... bietet viele Möglichkeiten, um effizient Marketing, Vertrieb und Service zu steigern

... wird in Zukunft ausreichende Sicherheit bei finanziellen Transaktionen bieten

... bietet bereits heute ausreichende Sicherheit bei finanziellen Transaktionen

... wird in Zukunft wichtiger Faktor für den kommerziellen Erfolg unseres Unternehmens sein

... ist bereits heute wichtiger Faktor für den kommerziellen Erfolg unseres Unternehmens

0%   10%   20%   30%   40%   50%   60%   70%   80%

■ stimme voll zu   stimme teilweise zu   stimme nicht zu

Quelle: Pfleiderer, Rolf, Fugmann, Jürgen, Rosin, Matthias, Kommerzielle Internet-Nutzung der Großunternehmen, München 1997, S. 11, (leicht modifiziert)

Trotz aller Euphorie ergab eine Umfrage der Marktforscher und Unternehmensberater von Arthur D. Little in Zusammenarbeit mit der Giga Information Group, daß die digitale Autobahn bislang vor allem dazu dient, Informationen über gebotene Dienste und Produkte bereitzustellen, schnellen Zugang zum Kunden zu gewinnen und Kundendienstleistungen anzubieten. Bislang wagen sich die befragten Unternehmen nur zaghaft, die Optionen, die der Online-Markt bietet, in seiner ganzen Vielfalt auszuschöpfen, obwohl dieser nach Expertenmeinung als bedeutender Wirtschaftsfaktor für die Zukunft zu sehen ist.[71]

---

71) Vgl. Meyer, Jan-Bernd, Viel Werbung und wenig Geschäft, in: Computerwoche, Nr. 49 (1996), S. 29

2.2   Aufbau eines Web-Business

Das Internet, insbesondere das WWW, bietet aufgrund seines exponentiellen Wachstums den Unternehmen einen neuen Markt für ihre geschäftlichen Aktivitäten. Eine strategische Einsatzplanung für das Internet ist nicht nur mit vielen betriebswirtschaftlichen und technischen Komponenten verknüpft, sondern auch mit den Problematiken, die dieses neue Medium in sich vereint. Dieser Komplexität versuchen viele Unternehmen zu entgehen, indem sie den „trial-and-error" Ansatz verfolgen. Mit einer minimalen Präsenz erforschen diese Unternehmen nach und nach die Möglichkeiten, die sich bieten. Dieser Ansatz birgt eine Menge Risiken und kann den Internet-Einsatz von vornherein zum Scheitern verurteilen.[72] Aus diesem Grund sollen die nachfolgenden Ausführungen einen Anhaltspunkt für eine erfolgreiche Geschäftspräsenz im Internet geben.

2.2.1   Kosten der Internetpräsenz

Die Kosten des Internet-Zugangs sind schwer zu kalkulieren. Grundsätzlich lassen sich die Kosten in verschiedene Kategorien einteilen. Die Telefon- bzw. Leitungskosten zum Zugangsrechner des Providers resultieren aus der notwendigen Standleitung des Unternehmens zum Zugangsrechner des Providers. Da die Internet-Präsenz der Unternehmen in einer Vielzahl von Fällen nicht mehr nur auf eine reine Informationsbereitstellung abzielt, sondern sie interaktiv mit dem Kunden kommunizieren, für die Produkte werben und diese verkaufen möchten, ist die Aufstellung des Web-Servers im eigenen Unternehmen, aufgrund des aktuell zu haltenden Angebots und der Verbindung zum Inhouse-System, unerläßlich. Aus diesen Gründen ist ein 24h Zugang notwendig und ein Wählzugang zum Provider nicht zweckmäßig. Die Kosten für eine solche Standleitung, z.B. bis 15 Kilometer mit einer 64 Kbps ISDN-Leitung als minimale Anforderung, betragen bei der deutschen Telekom monatlich 22.50 DM pro Kilometer. Hinzu kommen eine einmalige Anschlußgebühr von 4.000.- DM und eine monatliche Grundgebühr von 385,- DM.[73]

Eine weiterer Kostenfaktor sind die Providerkosten für die Anbindung und Bereitstellung des Zugangs. Der Preisvergleich zwischen den verschiedenen auf dem

[72] Vgl. Alpar, Paul, a.a.O., S. 119.
[73] Vgl. Hüskes, Ralf; Ehrmann, Stephan, a.a.O., S. 135.

Markt befindlichen Providern erschwert sich durch die unterschiedlichen Abrech-
nungsverfahren, die auch als Mischform vorkommen:

⇒ monatliche Pauschale

⇒ volumenorientierte Preise (richten sich nach versandten und heruntergeladenen
Megabytes)

⇒ zeitorientierte Preise

⇒ Kontingenttarife (für eine bestimmte Menge an Daten wird ein Festpreis er-
hoben, erst bei einer Überschreitung werden volumen- und/oder zeitabhängige
Gebühren fällig).[74]

Das Provider-Angebot ist vollkommen undurchsichtig und die Preise unterscheiden
sich teilweise um den Faktor 100.[75] Aus diesem Grund wird auf eine detaillierte Darstellung mit Preis- und Leistungsvergleichen verzichtet.

Die Anschaffungs-, Betriebs- und Wartungskosten für Hard- und Software sind von
den unterschiedlichen betrieblichen Gegebenheiten abhängig. Zu unterscheiden ist,
ob bereits Ressourcen und Kenntnisse im Unternehmen vorhanden sind, oder ob
mit der Internet-Präsenz ein neuer Teilbereich im Betrieb geschaffen wird. Ist letzte-
res der Fall, sollte man sich im vorhinein einen geeigneten Provider suchen, der
bereits Erfahrung besitzt, möglichst viele Zusatzdienstleistungen anbietet und dem
Unternehmen jederzeit hilfreich zur Seite steht. Zusatzdienstleistungen sind z.B. Er-
stellung von Nutzungsberichten der eigenen Sites, Betreuung und Wartung der
Sites, Eintragung der URL bei diversen Suchdiensten, Übernahme der Gestaltung
der Präsenz und Registration eines Domain-Namens bei der DE-NIC.[76]

Neben diesen Fragen, die bereits im Vorfeld einer Internet-Präsenz beantwortet
werden sollten, ist der Personalaufwand während des Internet-Einsatzes zu beachten, der sich auf die Administration des Systems und die laufende Aktualisierung
des Angebots bezieht. In vielen Fällen ist es für die Unternehmen unumgänglich für
diesen Bereich Neueinstellungen vorzunehmen.[77] Eine detaillierte Kalkulationsauf-

---

74) Vgl. Lampe, Frank, a.a.O., S. 203.
75) Vgl. Hüskes, Ralf, Ehrmann, Stephan, a.a.O., S. 134
76) Vgl. Fantapié Altobelli, Claudia, Hoffmann, Stefan (o.J.), a.a.O., S. 108 f.
77) Vgl. Resch, Jörg, a.a.O., S. 214

stellung für ein mittelständisches Unternehmen befindet sich im Anhang dieser Arbeit (vgl. S. 65).

Zusammenfassend läßt sich sagen, daß mit einer Ausweitung des Angebots die Gesamtkosten für die Internet-Präsenz ansteigen, wenn man den sich daraus ergebenden Anforderungen (z.B. ausreichende Performance) gerecht werden will.

2.2.2 Grundformen der elektronischen Geschäftsabwicklung

Wie schon o.g. wird die Bedeutung der Aktivitäten, die entweder kostenpflichtig sind oder die Vertriebsaktivitäten in anderen Systemen (z.B. SAP/R3) auslösen, immer größer.[78] Die entstehenden Anbieter-Nutzer-Beziehungen lassen sich in folgende Gruppen einteilen:

- Business to Consumer
  Das Interaktionsmodell Business to Consumer bezieht sich auf die Geschäftsbeziehungen von Unternehmen und Endkunden. Zwar stellen die privaten Haushalte zur Zeit den geringsten Anteil der Nutzer dar, doch gerade in diesem Bereich liegen die größten Herausforderungen für die Unternehmen, da die theoretische Möglichkeit besteht, daß sich unvermittelt eine weltweite Klientele eröffnet. Dessen ungeachtet kann der Kunde heute schon aktuelle Informationen über die Preise und Produkte rund um die Uhr abrufen, ist demnach immer auf dem neuesten Stand und kann zwischen verschiedenen Anbietern Preis- und Leistungsvergleiche innerhalb von wenigen Minuten durchführen. Bis solche Geschäftsbeziehungen aufgebaut werden können, bedarf es aufgrund vorhandener Sicherheitsbedenken (vgl. Abschnitt 2.3) noch einiger Aufklärungsarbeit.[79]

- Business to Business
  Business to Business Beziehungen bestehen zwischen Unternehmen, Geschäftspartnern, Zulieferern und Herstellern. Die Kommunikation und die Abläufe zwischen den Geschäftspartnern werden optimiert und beschleunigt. Einkäufer können sich online über aktuelle Preise und Liefermöglichkeiten informieren und den Auftrag direkt im System des Lieferanten eingeben. Ein bereits an das Internet angeschlossenes Unternehmen kann seinen Großkunden einen defi-

---

78) Vgl. Mocker, Helmut, Mocker, Ute, a.a.O., S. 127
79) Vgl. Hantusch, Thomas, Matzke, Bernd, Perez, Mario, SAP/R3 im Internet, Bonn 1997, S. 13

nierten Zugriff auf sein System gestatten.[80] Somit hat der Großkunde Zugriff auf bestimmte unternehmensinterne Anwendungen und kann Bestellungen online, direkt im System, erfassen. Diese Art der Auftragsbearbeitung spart Kosten und vermeidet durch manuellen Zugriff verursachte Fehler.[81]

⇒ Intranet

Das Intranet ist ein auf den Internet-Technologien aufbauendes unternehmensinternes Netzwerk. Intranet kann für die verschiedensten Zwecke genutzt werden. Zum einen können Bildungsangebote, Qualitätshandbücher und technische Zeichnungen im Intranet abgelegt und von den Mitarbeitern aufgerufen werden. Zum anderen kann das betriebliche Vorschlagswesen effizienter gestaltet werden. Innerbetriebliche Stellenausschreibungen finden eher Beachtung. Urlaubsanträge können direkt in den betrieblichen Workflow zur weiteren Bearbeitung eingebracht werden.[82] Einen anderen Vorteil bietet das Internet im Bereich der online generierten Geschäftsprozesse. Hier laufen die Reaktionen auf die Web-Präsenz oder Kundenanfragen nicht an eine zentrale Stelle, sondern werden direkt durch das Intranet an die fachkundigen Mitarbeiter des Unternehmens weitergeleitet.[83]

Das Internet stellt bei all den vorgenannten Interaktionsmodellen die logische Verknüpfung zwischen den handelnden Partnern dar. In diesem Zusammenhang steht den Unternehmen die Möglichkeit zur Verfügung, das Angebot an Waren und Dienstleistungen mit Hilfe von Merchant-Systemen über das Netz zu realisieren. Darunter versteht man Lösungskonzepte verschiedener Hersteller, die eine Abwicklung des Online-Geschäftes erleichtern und unterstützen.[84] Diese Lösungskonzepte realisieren innerhalb der Home-Site eine WWW-Anwendung, eine sog. Merchant-Site. Sie erlauben es, über einen virtuellen Shop Produktkataloge bzw. katalogartig strukturierte WWW-Seiten anzubieten, Bestellungen zu tätigen und online zu bezahlen. Zur Kontrolle der Frequentierung der Seiten bieten die Softwarelösungen eine Zugriffskontrolle sowie Anlagen und Analysen von Benutzerprofilen.[85] Merchant-Sy-

---

80) Vgl. Cybernet Internet-Dienstleistungen AG (Hrsg.), Kostengünstige Internet-Technik definiert das Intranet, in: Informationsbroschüre der Cybernet Internet-Dienstleistungen AG, München o.J., S. 8.

81) Vgl. Hantusch, Thomas, Matzke, Bernd, Pérez, Mario, a.a.O., S. 54 f.

82) Vgl. Mocker, Helmut, Mocker, Ute, a.a.O., S. 127.

83) Vgl. Resch, Jörg, a.a.O., S. 57.

84) Vgl. Hantusch, Thomas, Matzke, Bernd, Pérez, Mario, a.a.O., S. 57.

85) Vgl. Bager, Jo, Fliegende Händler, in: C't, Heft 3 (1997), S. 170.

steme sind in erster Linie für den isolierten Einsatz konzipiert. Aus diesem Grund sollte man bei der Auswahl darauf achten, daß eine Schnittstelle zum Produktiv-system des Unternehmens geschaffen werden kann, um z.b. Verfügbarkeitsab-fragen gewünschter Produkte durchführen zu können.[86]

Die Möglichkeit des elektronischen Einkaufs wird mittlerweile von vielen deutschen Firmen angeboten. Über die Internet-Seite http://www.otto.de kann man z.B. ca. 100 Artikel aus dem Gesamtsortiment (ca. 25.000 Artikel im Print-Katalog) des Otto-Ver-sands bestellen.[87] Neben der alleinigen Bereitstellung eines Angebots hat sich mitt-lerweile auch die Variante der Electronic-Mall (elektronisches Einkaufszentrum) etabliert. Hier stellt sich eine Gruppe von Unternehmen in einer elektronischen Einkaufspassage nach amerikanischem Vorbild dar. Ziel des Verbundeffektes ist es, viele Nutzer auf der Site zu binden und zum Kauf zu bewegen, ohne daß die User (Anwender) unnötige Online-Zeiten verschwenden, um ein entsprechendes Angebot im weltweiten Internet zu finden. Als Beispiel für eine deutsche Shopping Mall kann die Karstadt AG in Essen angeführt werden. Seit dem Herbst 1996 bietet „My World" (http://www.my-world.de) die Produkte und Dienstleistungen der Karstadt AG wie auch die verschiedener anderer Unternehmen an (vgl. Anhang S. 64).[88] Als Favo-riten für den Verkauf im Internet haben sich Artikel aus den Bereichen Hard- und Software, Videokonsolen, CDs sowie Bücher herauskristallisiert.[89]

Anzumerken ist, daß einige Unternehmen, für die die kommerzielle Nutzung des Internets noch nicht von Bedeutung ist, dennoch Prestige-Homepages unterhalten, die interaktiv über das Unternehmen informieren. Ziel ist es dabei, Innovationsbe-reitschaft zu demonstrieren und erste Erfahrungen im Umgang mit dem Internet zu sammeln.[90]

---

86) Vgl. Hantusch, Thomas, Matzke, Bernd, Pérez, Mario, a.a.O., S. 57 f.
87) Vgl. Kurzidim, Michael, Digitale Geschäfte, in: C't, Heft 3 (1997), S. 179.
88) Vgl. Berberich, Frank, Auf Schnäppchenjagd im Cyberspace, in: Connect, Heft 12 (1996), S. 127.
89) Vgl. Palass, Brigitta, Preissner, Anne, Rieker, Jochen, Total digital, in: Managermagazin, März 1997, S. 148.
90) Vgl. Resch, Jörg, a.a.O., S. 97 f.

2.2.3 Einsatzbereiche des Internet

Der heutige konventionelle Markt zeichnet sich vor allem durch seinen relativ kleinen und ausgewählten Kundenkreis sowie durch seine räumliche und zeitliche Begrenzung aus. Das Internet bietet demgegenüber jedem Unternehmen die Möglichkeit, auf einem internationalen Markt 24h am Tag zu agieren.[91]

Das Internet stellt ein integriertes Kommunikationssystem, dessen Grundlage es ist,
Daten und Informationen in digitaler Form von einem Ort zum anderen rund um die
Welt zu transportieren. Daraus lassen sich grundlegende Nutzungsmöglichkeiten für
das Internet ableiten.[92]

Abbildung 7: Nutzungsmöglichkeiten des Internet

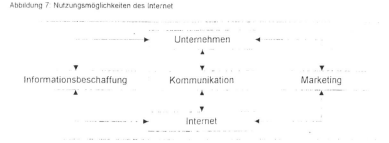

Quelle   Lampe, Frank, Business im Internet, Braunschweig, Wiesbaden 1996, S. 9, (leicht modifiziert)

2.2.3.1 Information

Das Internet bietet durch seine unterschiedlichen Dienste eine Vielzahl von Möglichkeiten, die der Informationsbeschaffung und dem Informationsaustausch dienen
können. Da eine nähere Erläuterung der Dienste bereits im Abschnitt 1.3 erfolgte,
wird auf ihre spezielle, d.h. auf die Problemstellung ausgerichtete Eignung zur Informationssuche an dieser Stelle nicht weiter eingegangen. Grundsätzlich läßt sich sagen, daß alle Dienste im Internet der Informationsbeschaffung dienen können.[93]

Die Dienste ermöglichen es, einen gewaltigen Informations-Pool für betriebliche
Zwecke zu nutzen. Die Informationsbeschaffung ist teilweise kostenlos, teilweise er-

---

91)   Vgl. Pelkmann, Thomas, Freitag, Reinhild, a.a.O., S. 27 f
92)   Vgl. Berres, Anita, a.a.O., S. 90 ff.
93)   Vgl. Lampe, Frank, a.a.O., S. 51.

folgt sie gegen Entgelt. Aufgrund der Größe und des stetigen Wachstums (ca.
18.950 neue Rechner/Monat) ist das Informationsangebot unüberschaubar und sowohl qualitativ als auch quantitativ nicht einzugrenzen.[94] Um eine gezielte Suche
nach Informationen zu ermöglichen, wurden in der Vergangenheit kostenlose Suchdienste an verschiedenen Stellen im Netz eingerichtet (vgl. Anhang S. 66). Diese
Dienste funktionieren wie Datenbanken, indem sie die Angebote registrieren und in-
dizieren.[95] Die Suchdienste (Search-Engines) arbeiten grundsätzlich nach zwei verschiedenen Konzepten. Einige Search-Engines, wie z.B. Yahoo, bieten eine thematisch gegliederte Übersicht der WWW-Seiten, in denen man themenorientiert nach
der gewünschten Information suchen kann. Eine andere Möglichkeit der Suche ist
z.B. die Search-Engine Alta-Vista von Digital. Mit ihrer Hilfe ist es möglich, eine Voll-
textrecherche nach bestimmten Informationen im Internet durchzuführen.[96] Eine weitere Recherchemöglichkeit bieten kommerzielle Suchdienste. Einer der bekanntesten Suchdienste ist die Genios Wirtschaftsdatenbank. Mit ihrer Hilfe ist es möglich,
auf über 300 Datenbanken mit 17 Millionen Geschäftsinformationen über das WWW
zuzugreifen. Neben Firmen- und Wettbewerbsinformationen befinden sich Angebote
aus allen Teilen der Wirtschaft – sortiert nach Themengebieten – in diesen
Datenbanken.[97] Ein Auszug der Preisliste ist dem Anhang beigefügt (vgl. S. 66).

Das Informationsangebot des Internet unterliegt auch Grenzen. So ist nicht jedes
Unternehmen im Internet vertreten und selbst bei vorhandener Präsenz, stellt nicht
jeder Betrieb Informationen frei zugänglich für alle Mitbewerber im Netz zur Verfügung. Ein weiteres Problem ist die Qualität der angebotenen Informationen. Aus der
Menge an Informationen qualitativ hochwertiges Material herauszufiltern ist ein
schwieriges Unterfangen.[98]

Eines bleibt jedoch unbestritten: So aktuell wie das Internet ist bis heute keines der
bekannten Medien, was die Direktübertragung der Bilder vom Mars im Sommer
1997 eindrucksvoll verdeutlichte. Ein weiteres Beispiel ist die Möglichkeit des Le-
sens von Zeitschriften, z.B. des Spiegels (http://www.spiegel.de), vor dem Erscheinen.

---

94) Vgl. Lampe, Frank, a.a.O., S. 64.
95) Vgl. Sommergut, Wolfgang, Tendenz zur Spezialisierung der Dienste, in: Computerwoche, Nr. 32
     (1996), S. 17.
96) Vgl. Petersen, Dirk, Die Nadel im Heuhaufen, in: PC Praxis, Heft 5 (1996), S. 136
97) Vgl. Genios Wirtschaftsdatenbanken (Hrsg.), S. 1, http://www.genios.de/index.html (20.05.97)
98) Vgl. Lampe, Frank, a.a.O., S. 64 ff.

2.2.3.2 Kommunikation

Kommunikation wird in der Literatur häufig als Prozeß der Übertragung von Informationen und Daten zwischen Empfängern und Sendern bezeichnet. Im Unternehmen ist dies der Prozeß, bei dem Informationen zum Zwecke der betrieblichen Aufgabenerfüllung ausgetauscht werden.[99] Ebenso wie im Falle der Informationsbeschaffung ist prinzipiell jeder Dienst für die Kommunikation geeignet. Aufgrund ihrer speziellen Eignung werden hier nur die Dienste E-Mail und UseNet näher betrachtet.[100]

Mit Hilfe der E-Mail ist es sowohl unternehmensintern als auch extern möglich, Daten und Informationen schnell, kostengünstig und bequem an einen beliebigen Empfänger mit Anschluß ans Netz zu verschicken, ohne daß der Empfänger die Nachricht zum gleichen Zeitpunkt entgegennehmen muß. Mailing-Listen erlauben es, innerhalb einer Projektgruppe oder Interessengemeinschaft an eine größere Anzahl von Personen E-Mails (z.B. Projektberichte oder aktualisierte Preislisten an Kunden) zu verschicken, ohne bei jedem Versand die Adressen der Mitglieder immer wieder neu einzugeben. Die Aufgabe des Versandes an die diversen Teilnehmer übernimmt ein sog. Mailroboter. Für Unternehmen, die über das Internet Geschäfte abwickeln, ist es als Zeichen von Kundennähe unerläßlich, über E-Mail erreichbar zu sein.[101] Der Kunde muß die Möglichkeit haben, mit dem Unternehmen unmittelbar in Kontakt zu treten. Sei es, um weitere Informationen zu den angebotenen Produkten zu erhalten oder um dem Unternehmen ein Feedback über die Homepage zu geben. Dieses ist bei der Anpassung an die Kundenbedürfnisse sehr hilfreich. Die alleinige Erreichbarkeit über E-Mail reicht allerdings nicht aus. Es muß gewährleistet sein, daß die Mails an die entsprechenden Fachabteilungen weitergeleitet werden, damit der Kunde schnellstmöglich eine kompetente Antwort auf seine Anfrage erhält. Ein weiterer Vorteil ist, daß die Übermittlung von Daten per E-Mail im Vergleich zur herkömmlichen Post oder Fax wesentlich geringere Kosten verursacht.[102] Postwurfsendungen mittels E-Mail führen allerdings zu Staus auf der Datenautobahn. Sie verärgern den Kunden und sollten grundsätzlich unterlassen werden. Das Laden von unnützen und ungewollten E-Mails in Form von solchen Werbeaktionen

99) Vgl. Gabler Wirtschaftslexikon, Band I – K, 13. Auflage, Wiesbaden 1993, S. 1859 f.
100) Vgl. Lampe, Frank, a.a.O., S. 81.
101) Vgl. Pelkmann, Thomas, Freitag, Reinhild, a.a.O., S. 23.
102) Vgl. o.V., Zentral Denken, in: Client Server Computing, Nr. 6 (1997), S. 39.

kostet den User Zeit und vor allem Telekom-Gebühren, was der Neukundengewin-
nung nicht zuträglich ist.[103]

Das UseNet (Newsgroups) bietet die Möglichkeit, an Diskussionen teilzunehmen, in
denen u.a. Fragen von Spezialisten an Spezialisten gestellt und beantwortet werden. Der Vorteil der Newsgroups liegt in der Aktualität. Es gibt z.B. Groups, die von
Wissenschaftlern unterhalten werden. Sie präsentieren neueste Erkenntnisse und
Ideen, tauschen Meinungen aus und veröffentlichen Auszüge aus Artikeln, die in
naher Zukunft in der Fachpresse erscheinen werden.[104]

2.2.3.3 Marketing

Marketing ist die Planung, Koordination und Kontrolle aller auf die aktuellen und
potentiellen Märkte ausgerichteten Unternehmensaktivitäten.[105] Diese Unterneh-
mensziele werden durch eine dauerhafte Befriedigung der Kundenbedürfnisse ver-
wirklicht. Durch den Einsatz des Internet und insbesondere des WWW ergeben sich
für das betriebliche Marketing neue Chancen, die marketingpolitischen Instrumente
effizienter einzusetzen und Informationen treffender, schneller und adäquater darzu-
stellen.[106]

Im Rahmen der Produktpolitik kommen grundsätzlich alle Arten von Gütern und
Dienstleistungen für den Verkauf bzw. Vertrieb über das Internet in Betracht. Vorteile sind sicherlich im Bereich der Massenprodukte zu sehen. Die Eigenschaften
dieser Produkte sind den Käufern i.d.R. bekannt. Die Hemmschwelle, diese Artikel
im Internet zu ordern, ist aufgrund des Bekanntheitsgrades wesentlich geringer.
Auch im Dienstleistungsbereich gibt es eine Reihe von Einsatzmöglichkeiten (z.B.
Hotelreservierungen, Flugreisen, Terminvereinbarungen oder Supportleistungen),
die Grenzen in diesem Bereich sind jedoch eng gesteckt (z.B. Leistungen von
Handwerkern).[107] Grundsätzlich sind die Produkte in digitalisierbare und nicht-digi-
talisierbare zu unterscheiden. Das Unterscheidungskriterium ist die physische Ver-

---

103) Vgl. Barret, Daniel J., a.a.O., S. 107 f.
104) Vgl. Lampe, Frank, a.a.O., S. 86.
105) Vgl. Meffert, Heribert, Marketing, 7. überarbeitete und erweiterte Auflage, Nachdruck, Wiesbaden 1991, S. 31.
106) Vgl. Mülder, Wilhelm, Weis, Hans-Christian, Computerintegriertes Marketing, Weis, Hans-Christian (Hrsg.), Modernes Marketing für Studium und Praxis, Ludwigshafen 1996, S. 29
107) Vgl. Lampe, Frank, a.a.O., S. 131

fügbarkeit. Die Leistung kann bei digitalisierbaren Produkten sofort über das Netz erbracht werden (z.B. Software). Bei nicht-digitalisierbaren Produkten (z.B. Kleidung) kann das Internet nur den begleitenden Informationsfluß der Produkte unterstützen und als zusätzlicher Absatzkanal dienen.[108]

Bei der Festlegung der Preise müssen im Rahmen der Preispolitik zusätzliche Faktoren berücksichtigt werden. Abgesehen von der marktüblichen Preisbildung durch Angebot und Nachfrage müssen die Unternehmen beim Vertrieb über das Internet die zusätzlichen Kosten auf der Nachfrageseite, wie z.B. Versandkosten, Telefongebühren oder Providergebühren, berücksichtigen. Allerdings entfallen für die Anbieter bestimmte Kosten, z.B. die Vervielfältigungskosten oder Herstellungskosten für Zeitschriften und Bücher, wenn sie digitalisiert vertrieben werden. Ebenso lassen sich die Kosten für Porto und Verpackung einsparen.[109]

Eine wichtige Einsatzmöglichkeit ist die Distributionspolitik. Der Verkauf der Waren erfolgt mit den dazugehörigen (finanziellen) Transaktionen über das Internet. Wie im traditionellen Markt ist auch hier zwischen direktem und indirektem Absatz zu unterscheiden (vgl. Abbildung 8).

Abbildung 8: Mögliche Absatzkanäle

Quelle: Meffert, Heribert, Marketing, 7. überarbeitete und erweiterte Auflage, Wiesbaden 1996,
          S. 425 f., (leicht modifiziert).

---

108) Vgl. Alpar, Paul, a.a.O., S. 210
109) Vgl. Lampe, Frank, a.a.O. S. 142 ff

Durch die Distribution über das Internet mit einer Online-Auftragserfassung konnte die American Computer Group ihre Auftragsbearbeitungskosten von 15,- US$ (schriftliche oder telefonische Bestellung) auf 4,- US$ pro Auftrag senken.[110]

Innerhalb der Kommunikationspolitik wird in der Literatur zwischen persönlichem Verkauf, Verkaufsförderung, Public Relations (PR) und Werbung unterschieden.[111]

Der persönliche Verkauf ist im Internet nur in eingeschränktem Maße möglich, da nonverbale Kommunikation – sprich Mimik und Gestik – entfällt.[112] Vorrangig kann das Medium Internet den persönlichen Verkauf nur beim Einsatz von Außendienstmitarbeitern unterstützen. Diese können beispielsweise vor Ort die aktuellsten Informationen abrufen. Innovative Firmen unterstützen schon seit Jahren den Kundenkontakt durch den Einsatz moderner Kommunikationsmittel.[113]

Eine Verkaufsförderungsmaßnahme stellt die Sales Promotion dar.[114] Ein Beispiel für den Einsatz im Internet sind Preisausschreiben. Ziel ist es, den Kunden zu animieren bzw. zu beeinflussen, das Angebot nochmals wahrzunehmen oder durch Mundpropaganda bekannt zu machen.

Die PR ist eine zusätzliche Einsatzmöglichkeit, um die Beziehungen zwischen dem Unternehmen und der Öffentlichkeit zu vertiefen.[115] Pressemitteilungen, Veröffentlichungen und Vorträge können auf den Internet-Seiten hinterlegt werden. Die Journalisten lesen diese Nachrichten und veröffentlichen diese u.U. in einer Zeitschrift.

Der eigentliche Mittelpunkt der Kommunikationspolitik ist die Werbung. Werbung im Internet kann in zwei verschiedene Kategorien aufgeteilt werden. Von direkter Werbung spricht man, wenn der Kunde aktiv vom Anbieter angesprochen wird, von indirekter, wenn der Kunde sich aus eigenem Antrieb über den Anbieter informiert.[116] Die Abbildung 9 stellt die Kategorien der Werbung grafisch dar.

---

110) Vgl. Lampe, Frank, a.a.O., S. 144 f.
111) Vgl. Meffert, Heribert, a.a.O., S. 119 f.
112) Vgl. Lampe, Frank, a.a.O., S. 157.
113) Vgl. Alpar, Paul, a.a.O., S. 187.
114) Vgl. Gönner, Kurt, u.a., Betriebswirtschaftslehre, 2. durchgesehene und erweiterte Auflage, Bad Homburg von der Höhe 1988, S. 231.
115) Vgl. Meffert, a.a.O., S. 493.
116) Vgl. Lampe, Frank, a.a.O., S. 159.

Abbildung 9: Kategorien der Werbung im Internet

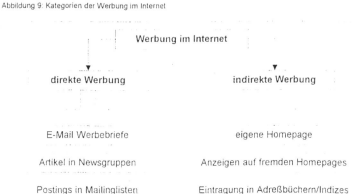

Quelle   Lampe, Frank, Business im Internet, Braunschweig, Wiesbaden 1996, S. 160, (leicht modifiziert)

Die klassische Form der direkten Werbung ist die E-Mail. Zu den generellen Anwendungsmöglichkeiten wird auf den Abschnitt 1.3 verwiesen. Es soll an dieser Stelle bemerkt werden, daß vom Verbraucher unerwünschte Werbesendungen (Junk E-Mail) nach deutschem Recht (Gesetz gegen unlauteren Wettbewerb) verboten sind.[117] Newsgroups sollten im Rahmen der Internet-Werbung ebenfalls sehr vorsichtig eingesetzt werden. Eine Veröffentlichung ist nur in solchen Groups ratsam, in denen der thematische Hintergrund zur Werbung paßt. Andernfalls könnte der Zweck der Werbung, die Zielgruppe zum Kauf zu bewegen, verfehlt oder sogar ins Gegenteil verkehrt werden. Die gleiche Argumentation kann man für Mailing-Listen anführen. Da dem Beworbenen bei allen drei Formen Kosten entstehen, sollten diese sehr vorsichtig und behutsam eingesetzt werden.[118]

Die Homepages der Unternehmen sind ein Instrument der indirekten Werbung. Diese enthalten i. d. R. sowohl Informationen über das Unternehmen selbst als auch über die angebotene Produkt- bzw. Dienstleistungspalette. Die Plazierung von Marken-/Firmenlogos und Werbung auf fremden Homepages mit einem Link auf das eigene Angebot bezeichnet man als Online-Sponsoring.[119] Der Preis für eine Plazierung auf einer fremden WWW-Seite richtet sich nach dem Bekanntheitsgrad bzw.

117) Vgl. Berres, Anita, a.a.O., S. 70.
118) Vgl. Barret, Daniel J., a.a.O., S. 112 ff.

der Frequentierung. Die Anzeigenschaltung auf der Yahoo-Deutschland Titelseite (sehr hohe Frequentierung) kostet z.B. für zwei Wochen 24.150,- DM.[120]

Eine weitere Möglichkeit ist die Plazierung in Wirtschaftsdatenbanken wie Genios. Hier bietet sich u.a. die Möglichkeit, Geschäftsberichte und Firmendaten relativ preiswert zu präsentieren.[121] Um den Werbeerfolg zu messen, bieten einige Provider und DV-Unternehmen Softwarelösungen mit Protokoll und Web-Statistik-Service an, die die Hits pro Tag feststellen.[122]

Die Registrierung in Adreßbüchern und Indizes (z.B. Suchmaschinen) dient nicht der eigentlichen Werbung, sondern in erster Linie der Bekanntmachung der eigenen Homepage und der Vorstellung des Unternehmens. Der Eintrag in diese Verzeichnisse ist in der Regel kostenlos, da sich die elektronischen Adreßbücher und Suchmaschinen über die eigene Werbung finanzieren.[123] Die Aufnahme der URL der Homepage in die Signatur der E-Mails oder die Beteiligung des Unternehmens an themenspezifischen Newsgruppen ist eine weitere Möglichkeit der Promotion. Der Erfolg bei der Registrierung in den Suchmaschinen wird in der Literatur unterschiedlich beurteilt. Doch die Mehrzahl der Autoren geht davon aus, daß die alleinige Promotion über eine Suchmaschine nicht ausreicht. Die rechtzeitige Registrierung des Firmennamens beim DE-NIC und die Plazierung von anklickbaren Werbeflächen (Online-Sponsoring) auf häufig besuchten Sites sind ebenso, wie die Formen der klassischen Werbung (z.B. Fernseh-/Radiospots, Internet-Adresse auf den Visitenkarten der Außendienstmitarbeiter, Printmedien, Fachzeitschriften), empfehlenswert.[124]

Zusammenfassend läßt sich sagen, daß sich das Internet, und insbesondere das WWW, durch seine hypermedialen Fähigkeiten in besonderem Maße für die Informations- und Kommunikationsaufgaben des Marketing eignet. Aufgrund der Beliebtheit des WWW und der sinkenden Anschlußkosten bieten sich den Unternehmen

---

119) Vgl. Fantapie Altobelli, Claudia; Hoffmann, Stefan (o.J.), a.a.O.. S. 24.

120) Vgl. Yahoo Deutschland (Hrsg.) – Insertionspreise. S. 2. http://mailhost.europe.yahoo.com/anzeigen/preise.html (14.07.1997).

121) Vgl. Lampe, Frank, a.a.O.. S. 170.

122) Vgl. Mocker, Helmut; Mocker, Ute. a.a.O., S. 165.

123) Vgl. Lampe, Frank, a.a.O.. S. 169 f.

124) Vgl. Werner, Andreas; Stephan, Ronald. Marketing Instrument Internet. Heidelberg 1997. S. 115 ff.

ein immer größer werdendes Kundenpotential und damit verbundene Kosten-senkungen beim Absatz der Produkte über das Internet.[125] Im Vergleich zu anderen Medien besitzt das Internet Vorteile im Bereich der Vermittlung von Informationen über Produkte und Dienstleistungen, wobei sich z.B. das Fernsehen gezielter für die Einstellungsveränderung oder Erinnerung an das Produkt einsetzen läßt.[126] Eine Untersuchung der Horizont/GfK-Marktforschung im April 1997 ergab, daß den Kon-sumenten die Werbung im TV am glaubwürdigsten erscheint.[127]

2.2.4 Vor- und Nachteile einer Internet-Präsenz

Durch seine Größe und durch seine Nutzungsmöglichkeiten, gerade im Bereich des WWW, bietet das Internet vielfältige Argumente, die für eine Präsenz sprechen.

- Der konventionelle Markt ist durch seine räumliche Begrenzung geprägt. Somit können die Angebote nur einem kleinen ausgewählten Kundenkreis zugänglich gemacht werden. Das Internet ermöglicht es den Unternehmen, über die Unter-nehmens- bzw. Landesgrenzen hinaus bekannt zu werden.[128]

- Durch direktes Kundenfeedback und Protokoliermöglichkeiten der Zugriffe auf die Sites stehen direkte und permanente Informationen über das Kaufverhalten, die Verweildauer sowie die Wünsche der Verbraucher zur Verfügung, ohne daß kostenintensive Untersuchungen durchgeführt werden müssen.[129]

- Der Verkauf bzw. die Beratung im konventionellen Markt ist in Deutschland an unterschiedliche Auflagen und Gesetze, wie z.B. das Ladenschlußgesetz, ge-bunden. Im Internet hat der Kunde die Möglichkeit des 24h Shoppings, d.h. die Öffnungszeiten sind nicht beschränkt. Zudem entfällt die lästige Parkplatzsuche.

- Die multimediale Technologie ermöglicht die Interaktion mit dem Kunden. Hierin liegt der besondere Vorteil des WWW. Der Kunde selektiert die von ihm ge-wünschten Sites, interagiert und kommuniziert mit dem System im Dialog. Damit bestimmt der Kunde den individuellen Weg seiner Informationsbeschaffung.[130]

125) Vgl. Fantapié Altobelli, Claudia, Hoffmann, Stefan (o.J.), a.a.O., S. 18.
126) Vgl. Lampe, Frank, a.a.O., S. 162.
127) Vgl. o.V. In welchen Medien ist Werbung am glaubwürdigsten, in: Hörzu, Heft 21 (1997) S. 22.
128) Vgl. Hantusch, Thomas, Matzke, Bernd, Pérez, Mario, a.a.O., S. 42 f.
129) Vgl. Fantapié Altobelli, Claudia, Hoffmann, Stefan (o.J.), a.a.O., S. 31 ff.
130) Vgl. ebenda, S. 31.

⇒ Das Internet bietet die Gelegenheit die Kunden kostengünstig, umfassend und aktuell über Produkte und Dienstleistungen zu informieren.[131]

⇒ Kleineren bis mittelständischen Unternehmen erlaubt das Internet, mit relativ geringen Kosten in den globalen Markt einzutreten.[132]

⇒ Die Verbraucher können mit jedem Unternehmen der Welt kommunizieren. Durch die zeitnahe Anbindung an das Unternehmenssystem kann der Verbraucher mit einer sofortigen Reaktion rechnen. Das Internet beschleunigt die Geschäftsprozesse bei gleichzeitig niedrigen Kosten. Der Markt wird transparent und Preisvergleiche sind in wenigen Augenblicken möglich.[133]

⇒ Die Arbeitsabläufe zwischen einzelnen Firmenstandorten werden kostengünstig unterstützt und verbessert. Die Kommunikationsfähigkeiten des Internet werden häufig im Rahmen von TQM-Projekten eingesetzt.[134]

⇒ Die grafische Benutzeroberfläche und einfach zu bedienende Browser ermöglichen es selbst unerfahrenen Nutzern, das WWW einfach und komfortabel zu bedienen.

⇒ Wer heute mit dem Internet-Geschäft beginnt, hat einen Innovations- und Wissensvorsprung gegenüber der Konkurrenz.[135]

Neben diesen Vorteilen birgt die Nutzung allerdings auch Gefahren, die vor der Entscheidung für den Einsatz durch den verantwortlichen Abteilungs- oder Projektleiter abgewogen werden müssen.

⇒ Sowohl auf der Angebots- als auch auf der Nachfrageseite wird die mangelnde Sicherheit sehr häufig kritisiert. Allerdings haben sich die Sicherheitsstandards mittlerweile erheblich verbessert. Mit dem Einsatz neuer Technologien ist der Datenverkehr tendenziell sicherer als mit den herkömmlichen Arbeitsweisen (siehe Abschnitt 2.3).[136]

---

131) Vgl. Pelkmann, Thomas, Freitag, Reinhild, a.a.O., S. 28.
132) Vgl. Fantapié Altobelli, Claudia, Hoffmann, Stefan (o.J.), a.a.O., S. 32.
133) Vgl. SAP-AG (Hrsg.), Geschäftsprozesse im Internet, Walldorf 1996, S. 5, http://www.sap-ag.com.
134) Vgl. Berres, Anita, a.a.O., S. 90.
135) Vgl. Lampe, Frank, a.a.O., S. 3.
136) Vgl. Mocker, Helmut, Mocker, Ute, a.a.O., S. 130.

⇒ Aufgrund seiner Internationalität fehlen dem Internet die rechtlich verbindlichen Rahmenbedingungen.[137]

⇒ Da es an einer übergeordneten Instanz fehlt, ist es fast unmöglich, die Inhalte zu kontrollieren und kriminelle Machenschaften zu bekämpfen.

⇒ Im Internet Geschäfte zu tätigen, setzt – wie auf dem traditionellen Markt – gute Kenntnisse über die Materie voraus. Allerdings ist die Hemmschwelle einer Präsenz aufgrund der niedrigen Kosten bei weitem nicht so hoch, wie bei einer herkömmlichen Geschäftseröffnung.[138]

⇒ Konservative Unternehmen scheuen das Internet. Hieraus ergibt sich zum einen die Gefahr, daß die gewünschten Geschäftsbeziehungen nicht über das Internet aufgebaut werden können. Zum anderen ist zu bedenken, wie das Fernbleiben von der Zielgruppe aufgefaßt wird.

⇒ Wird das Internet in Zukunft zu einem unumgänglichen Medium des Marktes, müssen sich konservative Unternehmen nötiges Know How später teuer einkaufen, um sich gegen eine starke Konkurrenz behaupten zu können.[139]

⇒ Die ständige Aktualisierung des Angebots ist eine notwendige Voraussetzung für den Erfolg. Der dazu nötige zusätzliche Zeit- und Personalaufwand und die entstehenden Kosten sind nicht zu vernachlässigende Faktoren.[140]

2.2.5 Rechtliche Rahmenbedingungen

Mit der sprunghaften technologischen Entwicklung des Internet kann das Wachstum des rechtlichen Instrumentariums nicht Schritt halten. Zwar ist das Internet kein rechtsfreier Raum, doch es fehlt an ausreichenden, speziell auf das Internet abgestimmten Regelungen und Gesetzen. Aufgrund seiner Internationalität und Komplexität stellt es an die Gesetzgebung völlig neue Anforderungen. Diese Problematik wird anhand einiger Beispiele erläutert.

Die Rechtmäßigkeit von Kaufverträgen zwischen Nutzer und Anbieter sind im BGB geregelt. Einem rechtswirksamen Vertrag muß eine beiderseitige übereinstimmende Willenserklärung zugrunde liegen. Ein Vertrag kommt demnach rechtmäßig erst zu-

---

137) Vgl. Beiersdorf, Wilfried, Nur ein Anfang, in: WAZ vom 09.07.1997, S. 2.
138) Vgl. Pelkmann, Thomas, Freitag, Reinhild, a.a.O., S. 40 f
139) Vgl. ebenda, S. 36 f.
140) Vgl. Resch, Jörg, a.a.O., S. 213 f

stande, wenn der Käufer ein Angebot annimmt, der Verkäufer als Leistungsanbieter im Internet dem Kaufwunsch entspricht oder die Ware liefert.[141] In diesem Zusammenhang stellt sich das Problem der Beweisbarkeit von Willenserklärungen und der einzuhaltenden Formvorschriften (gesetzliche Schriftform) nach § 126 BGB für Rechtsgeschäfte im Internet. Fraglich ist, wie es gewährleistet werden kann, daß die geforderte Schriftform gewahrt wird und fremde Personen nicht im Namen anderer Verträge abschließen.[142] Eine Lösungsmöglichkeit bieten digitale Signaturen, d.h. elektronische Unterschriften, die mit Hilfe von Kryptografieverfahren (vgl. Abschnitt 2.3.1) erzeugt werden. Diese fungieren als Ersatz für die eigenhändige Namensunterschrift und stellen somit die Identität der Vertragspartner sicher.[143] Im sog. Multimediagesetz werden die Voraussetzungen zur Verwendung „digitaler Unterschriften" geregelt.[144]

Für die Einbeziehung der allgemeinen Geschäftsbedingungen (AGB) in den Vertragsabschluß bedarf es nach herrschender Meinung besonderer Regelungen. Die AGB müssen vor Vertragsabschluß aufgerufen und bestätigt, d.h. in den Bestellvorgang implementiert werden.[145]

Nicht selten sind an Rechtsgeschäften im Internet ausländische Anbieter beteiligt. Da sich die Regelungen und Gesetze im Ausland teilweise gravierend von der deutschen Gesetzgebung unterscheiden, ist eine sorgsame Überprüfung der vertragsrechtlichen Vereinbarungen (z.B. Haftung, Gewährleistung, etc.) beim internationalen Warenverkehr anzuraten, welche auf den Internet-Seiten des Anbieters vorhanden sein sollten.[146]

Ein weiteres Problem ist der Schutz von Urheberrechten. Urheberrechte sind die Summe aller Rechtsnormen, die den Eigentümer vor Mißbrauch seines Werkes

---

141) Vgl. Cheswick, William R., Bellovin, Steven M., Sieber, Ulrich, Firewalls und Sicherheit im Internet, Bonn, Paris 1996, S. 319.

142) Vgl. o.V., Digitale Signatur, in: Stellungnahme des Fachverbandes Informationstechnik im VDMA und ZVEI zum Signaturgesetz, o.O. o.J., S. 1, http://www.telesec.de/rechte.htm (07.05.1997).

143) Vgl. Glade, Albert, Reimer, Helmut, Struif, Bruno (Hrsg.), Digitale Signatur und sicherheitssensitive Anwendungen, Braunschweig, Wiesbaden 1995, S. 154.

144) Vgl. Seeboerger-Weichselbaum, Michael, Meyer, Manfried, Kehrhahn, Jobst-H., Der Staat greift ein, in: PC Magazin DOS, März 1997, S. 68.

145) Vgl. Stroemer, Tobias H., Recht-zeitig geprüft, in: C't, Heft 7 (1996), S. 214 f.

146) Vgl. Fantapie Altobelli, Claudia, Hoffmann, Stefan (o.J.), a.a.O., S. 89.

durch unautorisierte Personen schützen.[147] Diese Werke sind materielle und immaterielle Wirtschaftsgüter wie z.B. Erfindungen, Firmennamen, Patente, etc. Der Schutz des Copyrights wird im Internet kaum beachtet. In diesem Bereich wird fälschlicherweise sehr häufig von einem rechtsfreien Raum ausgegangen, obwohl hier nationale bzw. internationale Regelungen und Gesetze für Copyrights gelten.[148]

Wie die vorangegangenen Ausführungen zeigen, bestehen noch einige zu bewältigende Probleme für rechtsverbindliche Geschäfte im Internet. Im Einzelfall muß die Rechtsprechung entscheiden, da die existierenden generellen Regelungen nicht explizit für dieses neue Medium geschaffen wurden. Mit dem Inkrafttreten des neuen Informations- und Kommunikationsdienste-Gesetzes (IuKDG, sog. Multimediagesetz) am 01.08.1997 ist die Hoffnung verbunden, das Business im Internet auf eine verläßliche rechtliche Grundlage zu stellen.[149] Es bleibt aber abzuwarten, inwieweit dieses Gesetz den Anforderungen des neuen Marktes entspricht.[150]

2.2.6 Schlüsselfunktionen für einen erfolgreichen Auftritt im WWW

Noch befindet sich das Internet in einer Entwicklungsphase, in der Fehlschläge oder Experimente durch die Nutzer eher verziehen werden. Trotzdem muß sich eine Projektgruppe über die Schlüsselfunktionen eines erfolgreichen Auftritts im Internet Klarheit verschaffen. Dazu gehören in erster Linie Analyse und Planung sowie Design und Programmierung.

Um sich entsprechend gut auf die eigene Präsenz im Internet vorzubereiten, ist eine Analyse des bereits vorhandenen Wettbewerbs von Vorteil. Damit kann man evtl. Fehler der Konkurrenz umgehen und aus den gemachten Erfahrungen positive Anregungen für die eigene Site ziehen.[151] Weitere substantielle Grundlage der Planung ist die Analyse der Zielgruppe, die das Unternehmen mit der Präsenz ansprechen möchte, einschließlich der Anforderungen, die von der Zielgruppe an die Aktivität

---

147) Vgl. Gabler Wirtschaftslexikon, Band SL – U, a.a.O., S. 3455.

148) Vgl. Hantusch, Thomas, Matzke, Bernd, Pérez, Mario, a.a.O., S. 46.

149) Vgl. o.V., Bundeskabinett segnet Entwurf für ein Multimedia-Gesetz ab, in: Computerwoche, Nr. 2 (1997), S. 20.

150) Links und Veröffentlichungen zu diesem Thema findet man auf der Homepage (http://www-hmw.de/stroemer) von Herrn Rechtsanwalt Thomas Stroemer, der sich auf das Online-Recht spezialisiert hat.

151) Vgl. Lamprecht, Stephan, Marketing im Internet, Freiburg im Breisgau 1996, S. 76.

des Unternehmens im Internet gestellt werden.[152] Nach Beendigung der Wettbewerbsbeobachtungen und der Zielgruppendefinition wird die eigentliche Präsenz mit ihren Inhalten geplant. Die dem Anhang auf S. 67 beigefügte Bedarfsanalyse soll dem Unternehmen als Grundlage für die Planung dienen und die Hauptgründe der typischen Präsenz eines Unternehmens aufzeigen. Aus den Ergebnissen der Bedarfsanalyse können die Inhalte der Web-Seiten erarbeitet, die benötigte Hard- und Softwareware beschafft, der Provider ausgewählt sowie die Kernkompetenzen des Internet-Einsatzes festgelegt werden.[153]

Im Verlauf seiner Nutzung bilden sich für jedes Medium gewisse Gesetzmäßigkeiten heraus, bei der Form und Funktion in Einklang stehen, um eine wirkungsvolle Präsenz zu schaffen.[154] Die Forderungen der User gehen dahin, die Möglichkeiten des WWW in seiner ganzen Bandbreite nutzen zu können, um den eigenen steigenden Anforderungen und Bedürfnissen gerecht zu werden. Design und Programmierung der Seiten sollten an die Gegebenheiten angepaßt sein.[155] Die verschiedenen Arten, die nicht unabhängig voneinander zu sehen sind, werden im Folgenden kurz dargestellt.

Der „Content" (Inhalt bzw. Aussage) einer Site ist die Gesamtkomposition einschließlich der darin enthaltenen Elemente (z.B. Text, Ton, Bild, etc.), die sich gemeinsam um ein Thema gruppieren.[156] Mit Hilfe des Content-Design einer Präsentation ist es möglich, einen Alleinstellungsanspruch zu schaffen und damit eine hohe Anziehungskraft zu entfalten sowie dem User ein einmaliges, einprägsames Erlebnis zu bieten.

Die Einzigartigkeit und die Gesamterscheinung einer WWW-Präsenz soll durch das visuelle Design unterstützt werden. Aufbereitete Inhalte und Informationen lassen sich nur schwer ohne ein ansprechendes Design vermitteln. Dies soll allerdings nicht bedeuten, daß die Inhalte der Sites mit Animationen, Grafiken und Tönen unter Ausnutzung aller Gestaltungsmöglichkeiten (HTML, Java, ActiveX, etc.) überladen

---

152) Vgl. Mocker, Helmut, Mocker, Ute, a.a.O., S. 64.
153) Vgl. Berres, Anita, a.a.O., S. 172.
154) Vgl. Resch, Jörg, a.a.O., S. 151.
155) Vgl. Fantapié Altobelli, Claudia, Hoffmann, Stefan, Die optimale Online-Werbung für jede Branche, München 1996, S. 245.
156) Vgl. Berres, Anita, a.a.O., S. 178 ff.

werden sollten.[157] Die Aufmerksamkeit des Betrachters – unter Berücksichtigung der vorsichtigen Inanspruchnahme der gestalterischen Elemente – hervorzurufen, ist die Kunst der grafischen Gestaltung des WWW.[158] Mit Grafiken überladene Homepages bedeuten lange Wartezeiten und hohe Telefonkosten beim User, was dazu führt, daß dieser die Homepage des Unternehmens beim nächsten Besuch im Internet meidet (Performance Design).

Das Kompatibilitätsdesign bezieht sich auf HTML. HTML ist die Seitenbeschreibungssprache des Internet. Allerdings existiert kein offiziell verabschiedeter Standard für diese Programmiersprache.[159] Aufgrund dieser fehlenden Standardisierung haben die großen Browser-Hersteller, wie z.B. Microsoft und Netscape, HTML um eigene Elemente erweitert. Diese Elemente werden in einer Vielzahl von Fällen von anderen auf dem Markt befindlichen Browsern nicht unterstützt. Aus diesem Grund muß ein Kompromiß bei der Inanspruchnahme der Fähigkeiten der verschiedenen Browser zur Darstellung der Inhalte auf den Web-Pages gefunden werden. Dies bedeutet nicht, daß man die Präsentation auf den kleinsten gemeinsamen Nenner herunterbrechen soll.[160] Eine andere in der Literatur existierende Meinung geht von einem plattformunabhängigen Design aus, um ein Kompatibilitätsdesign mit den verschiedenen „HTML-Versionen" zu gewährleisten.[161]

Das Informationsdesign ist die Struktur der Internet-Präsenz. Aus den einzelnen Teilen der Präsenz muß sich eine ganzheitlich organisierte Einheit mit einem Kontext ergeben. Es muß eine Benutzerführung entwickelt werden, die es dem User erlaubt, sich schnell und ohne Umwege auf den Seiten zu bewegen.[162] Beispielhaft kann man an dieser Stelle den Jahresabschluß eines Unternehmens nennen, der sich aus den verschiedenen Teilen des Rechnungswesens zusammensetzt und dem Management Informationen über die wirtschaftliche Situation des Unternehmens liefert. „Keep it short and Simple"[163] ist der Grundsatz für den Aufbau einer Seite.

157) Vgl. Werner, Andreas, Stephan, Ronald, a.a.O., S 33.
158) Vgl. Resch, Jörg, a.a.O., S. 154.
159) Vgl. Pelkmann, Thomas, Freitag, Reinhild, a.a.O., S. 19.
160) Vgl. Lamprecht, Stephan, a.a.O., S. 139.
161) Vgl. Resch, Jörg, a.a.O, S. 164.
162) Vgl. Berres, Anita, a.a.O., S. 201 f.
163) Lamprecht, Stephan, a.a.O., S. 137 f.

denn es ist wissenschaftlich erwiesen, daß sich die menschliche Wahrnehmung nur
an gut sieben Dinge (+/- zwei Dinge) gleichzeitig erinnern kann.[164]

Aufgrund ihrer Passivität sind Medien wie Fernsehen oder Radio einer erlebnis-
reichen Kommunikation eher hinderlich. Das WWW ist alles andere als passiv. Der
User handelt/interagiert, indem er sich aus den Sites die ihm obliegenden Interes-
sensschwerpunkte auswählt. Gerade in diesem Punkt liegt ein wesentlicher Vorteil
des WWW. Der Besucher wird nicht mit Informationen überflutet, er erarbeitet sich
die gewünschte Information, indem er mit dem System interagiert. Wissenschaftliche Studien ergaben, daß individuell herausgefilterte Angebote und Informationen
wesentlich effektiver wahrgenommen werden und dadurch länger im Gedächtnis
haften bleiben. Für den Erfolg einer Präsenz ist also das Interaktionsdesign sehr
wichtig. Stößt der User bei seinem Besuch auf nützliche Informationen und hat ihm
der Besuch Vergnügen bereitet, ist ein erster Schritt für eine erfolgreiche Online-
Präsenz bereits getan.[165]

Um die o.g. genannten Forderungen noch einmal zu unterstreichen, soll folgende
Untersuchung der MGM Mediagruppe München in Zusammenarbeit mit dem Spiegel Verlag aus dem Jahre 1996 herangezogen werden. Demnach stellen die Nutzer
bzw. Kunden folgende Erwartungen und Forderungen an eine unternehmerische
Web-Präsenz:

- Abbildung der Produkte mit Detail- und Hintergrundinformationen
  Diese Forderung trifft ebenso auf weniger erklärungsbedürftige Produkte etwa
  aus dem Verbrauchsgüterbereich zu. Gerade Musikverlage machen sich die Eigenschaften des Web zunutze, indem sie neben Informationen zum Produkt und
  zu den Interpreten auch die Möglichkeit bieten, die CD oder Musikkassette online zu testen und Probe zu hören.

- Interaktion mit dem User
  Zu den grundlegenden Elementen des Online-Auftritts zählt die Interaktion mit
  den Usern. Der Kunde muß die Gelegenheit haben, das Internet als aktives Medium zu nutzen, d.h. dem Kunden muß die Möglichkeit gegeben werden, seine
  spezifischen Bedürfnisse zu befriedigen, individuell auf ihn zugeschnittene Informationen zu erhalten und gewünschte Inhalte direkt abfragen zu können.

---

164) Vgl. Lamprecht, Stephan, a.a.O., S. 137 f
165) Vgl. Werner, Andreas, Stephan, Ronald, a.a.O., S. 17

⇒ Erklärung zum Produkt

Die Internet-Präsenz muß über ein bloßes Angebot hinausgehen. Der Kunde erwartet von dem Unternehmen kompetente und fachgerechte Unterstützung. Online verfügbare Betriebsanleitungen können bei der Behebung von technischen Problemen sehr hilfreich sein.

⇒ Direkte Kontaktaufnahme

Besucher von Internet-Sites können direkt mit dem Unternehmen in Kontakt treten, Fragen stellen, Bestellungen in Auftrag geben, Werbematerial ordern, Verfügbarkeits-/Preisabfragen durchführen, Schadensfälle melden und Termine mit dem Kundendienst vereinbaren.

⇒ Existenz von interaktiven Suchverzeichnissen mit Händler- bzw. Kundendienstadressen

Hierüber ist es dem Kunden möglich, die nächstgelegene Filiale oder den Kundendienst der Unternehmung ausfindig zu machen.

⇒ Online-Foren

Gerade im Bereich von Gebrauchsgütern ist das Interesse an Online-Foren hoch, in denen die Kunden Erfahrungen austauschen können.

⇒ Darstellung von Werbekampagnen

Die Darstellung von Werbekampagnen findet im Gegensatz zu Hinweisen auf Messen und Promotionaktionen der Unternehmen große Beachtung.

⇒ Kundenorientierte Anwendungen

Der Kunde erwartet auf einer Business-Page kundenorientierte Anwendungen und (Produkt-) Informationen. Aus diesem Grund darf die Präsentation des Unternehmens niemals im Vordergrund des Online-Auftritts stehen.[166]

Neben der Beachtung der Schlüsselfunktionen sind sicherheitsrelevante Fragen beim Business im Internet zu beachten. Der folgende Abschnitt befaßt sich mit diesen Fragen und den Grundlagen für eine sichere Abwicklung der Transaktionen im Netz.

---

166) Vgl. Fantapié Altobelli, Claudia, Hoffmann, Stefan (1996), a.a.O., S. 30 ff.

2.3 Datensicherheit und Datenschutz

Gerade im Bereich der kommerziellen Aktivitäten müssen im Vorfeld des Internet-Einsatzes sicherheitsrelevante Fragen beantwortet werden. Die folgenden Ausführungen befassen sich mit der Frage, wie die Daten und Informationen beim weltweiten Austausch geschützt werden können und wie das Unternehmen die internen Daten und Ressourcen vor externen Angriffen bewahrt.

Die Sicherheit in der EDV ist prinzipiell eine einfache Sache. Alle Verbindungen des Inhouse-Systems zur Außenwelt werden eingestellt, was einen Angriff von außen unmöglich macht. Die Datensicherheit beschränkt sich auf die Vergabe von innerbetrieblichen Nutzungsrechten.[167]

Diese Vorgehensweise ist im Zeitalter der Information und Kommunikation nicht mehr zu vertreten. Viele Unternehmen wollen – über die reine Informationsbereitstellung auf einer Homepage hinaus – kommerziell im Internet aktiv werden. Aus diesem Grund wird es immer wichtiger, die sichere Transaktion der persönlichen Daten zu gewährleisten. Folgende Anforderungen sind an die Sicherheit zu stellen:

⇒ Vertraulichkeit

Während der Transaktionen dürfen die übertragenen Daten bzw. Datenpakete nur autorisierten Personen zugänglich sein.

⇒ Verbindlichkeit

Die über das Internet getätigten Absprachen (z.B. Schriftstücke) müssen unter bestimmten Voraussetzungen rechtlich verbindlich sein. Es muß gewährleistet sein, daß sich kein Geschäftspartner nach getätigter Transaktion seiner Haftung entzieht und die Teilnahme an der Kommunikationsbeziehung abstreitet.

⇒ Authentizität

Die Identität eines jeden Geschäfts- und Handelspartners muß eindeutig zu bestimmen sein. Die Authentizität bezeichnet die Zugangskontrolle zu einem bestimmten System, indem der Benutzer oder das Endgerät auf Echtheit geprüft werden (z.B. Eingabe einer PIN).

---

167) Vgl. Berres, Anita, a.a.O., S. 73

⇒ Integrität

Während der Transaktion dürfen die Daten bzw. Datenpakete in keiner Weise modifiziert oder verfälscht werden.

⇒ Anonymität

Internet-User und Geschäftspartner müssen die Möglichkeit haben, ohne Angabe von Namen und Adressen Dienstleistungen und Informationen zu erhalten. Insbesondere werden die Konsumenten damit vor einer unerwünschten Flut von Werbeprospekten geschützt.[168]

Das Internet beruht auf dem unter Abschnitt 1.2 beschriebenen TCP/IP Protokoll, bei dem die Datenpakete unverschlüsselt über das Netz transportiert werden. An den zwischengeschalteten Netzwerken kann jedoch der Inhalt verfälscht, abgefangen oder unbefugt erweitert werden. Abhilfe für dieses Sicherheitsproblem schafft das neue Internet Protokoll IPv6. Es wurde vom IETF in erster Linie für eine Vergrößerung des Adreßraums entwickelt, um dem stetigen Wachstum der Nachfrage nach neuen IP-Adressen Rechnung tragen zu können.[169] Neben der Adreßraumausweitung bietet die neue Version auch einige Sicherheitsoptionen, die den Anforderungen entsprechen.[170] Die Einführung von IPv6 wird aber noch auf sich warten lassen, da die Einführung und Implementierung einen gravierenden Einschnitt in die Technik des Internet darstellt.[171] Diese lange Wartezeit könnte der Kommerzialisierung des Internet hemmend gegenüberstehen. Doch gibt es auch heutzutage Mechanismen, die die Sicherheit der Transaktionen gewährleisten. Einige der gängigen Möglichkeiten sollen in den folgenden Abschnitten näher betrachtet werden.

2.3.1 Kryptologische Grundlagen

Kryptografie bezeichnet die Verwendung von Verschlüsselungsmechanismen (Kryptosystemen), die die sichere Kommunikation über ein unsicheres Netz (Internet) gewährleisten.[172] Dabei werden die Daten durch einen Verschlüsselungsalgorithmus in

---

168) Vgl. Alpar, Paul, a.a.O., S. 152.
169) Vgl. Hosenfeld, Friedhelm, Brauer, Kai, Next Generation, in: C't, Heft 1 (1996), S. 380.
170) Vgl. Alpar, Paul, a.a.O., S. 151.
171) Vgl. Reif, Holger, Netz ohne Angst, in: C't, Heft 9 (1995), S. 174.
172) Vgl. Claus, Volker, Schwill, Andreas, Die Informatik, 2. neu bearbeitete Auflage, Mannheim, Wien, Zürich 1991, S. 268.

eine unverständliche Form transformiert. Somit ist eine sichere Übertragung möglich. Niemand hat Zugriff auf die Daten, der nicht im Besitz eines Entschlüsse-
lungscodes ist.[173] Die Sicherheit der Transaktion ist in erster Linie vom verwendeten
Verschlüsselungsalgorithmus und von der Länge des durch den Algorithmus erzeugten Schlüssels abhängig.[174] Die Kryptoverfahren lassen sich grundsätzlich in
zwei verschiedene Formen unterteilen.

Bei der symmetrischen Verschlüsselung (Privat- bzw. Secret-Key-Chiffrierung) wird
die Nachricht vom Absender mit einem geheimen Schlüssel versehen, der diese
sowohl bei der Übertragung als auch auf dem Rechner-System für Dritte unlesbar
macht.[175] Wenn der Empfänger über den gleichen Schlüssel wie der Sender verfügt,
ist es ihm möglich, die Nachricht zu entschlüsseln. Der Vorteil dieser Art der Verschlüsselung liegt in der Schnelligkeit der Ver- und Entschlüsselung der relevanten
Daten. Eines der bekanntesten symmetrischen Verschlüsselungsverfahren ist das
DES (Data Encryption Standard) von IBM, welches von der US-Regierung 1977 als
Standard verabschiedet wurde und z.B. auch zur Verschlüsselung der PINs bei
Banken mit einer erzeugten Schlüssellänge von 56 Bit eingesetzt wird.[176] Allerdings
wird diese 56-Bit Verschlüsselung nicht mehr als sicher angesehen. Der Schlüssel
ist innerhalb von 12 Sekunden zu dechiffrieren.[177] Der große Nachteil liegt in der
Tatsache, daß beide Parteien über einen identischen Schlüssel verfügen müssen,
der vor der Transaktion zwischen den Partnern auf einem sicheren Weg ausgetauscht werden muß.[178]

Dieser Nachteil der symmetrischen Verschlüsselung wird bei der asymmetrischen
Verschlüsselung (Public-Key-Verfahren) durch einen weiteren Schlüssel kompen-
siert. Dabei handelt es sich zum einen um einen privaten Schlüssel (S_{priv}) und zum
anderen um einen öffentlichen Schlüssel (S_{pub}), der auch über unsichere Netze verschickt werden kann, da er ohne den komplementären S_{priv} nutzlos ist.[179] Die beiden
verwendeten Schlüssel bilden ein Schlüsselpaar. Werden mit dem (S_{pub}) Botschaf-

---

173) Vgl. Kyas, Othmar, a.a.O., S. 169.
174) Vgl. Ohst, Daniel, Rechtsprobleme des Internet - Vertrauliche Kommunikation, Berlin 1996, S. 3,
    http://www2.rz.hu-berlin.de/~h0444saa/rdi/rdi.html (12.05.1997).
175) Vgl. Siyan, Karanjit, Hare, Chris, a.a.O., S. 154 f.
176) Vgl. Kyas, Othmar, a.a.O., S. 170.
177) Vgl. Meyer, Manfried, Verschlüsselung geht jeden an, in: PC Magazin DOS, April 1997, S. 228.
178) Vgl. Luckhardt, Norbert, Qnf jne rvasnpu. tryy?, in: C't, Heft 12 (1996), S. 112 f.
179) Vgl. Alpar, Paul, a.a.O., S. 153.

ten kodiert, ist es nur mit dem passenden S_{priv} möglich, die Botschaften wieder zu entschlüsseln. Der Sender muß demnach also den zu dem privaten Schlüssel des Empfängers passenden öffentlichen Schlüssel besitzen.[180] Für die Sicherheit des Public-Key-Verfahrens ist es von zentraler Bedeutung, daß Gewißheit über die Authentizität des öffentlichen Schlüssels besteht. Durch eine zentrale Zertifizierungsinstanz, die hierarchisch der IPRA (Internet Policy Registration Authority) untergeordnet ist, kann jeder Benutzer seinen öffentlichen Schlüssel mit dem dazugehörigen geheimen Schlüssel signieren lassen.[181]

Eines der bekanntesten Public-Key-Verfahren ist RSA (Ron Rivest, Adi Shamir, Leonard Adlemann). Dieses Verfahren kommt ohne einen vorherigen Austausch der Schlüssel auf einem sicheren Transportweg aus. Ein weiterer Vorteil ist die hohe Sicherheit der verschlüsselten Daten, wie ein Versuch aus dem Jahre 1994 zeigte. Damals benötigten 600 Personen aus 20 Ländern mit einer Rechenleistung von 5000 MIPS (Million Instructions per Second) 8 Monate, um den Schlüssel (425 Bit) zu dechiffrieren.[182] Bei einer möglichen Schlüsselgenerierung von 1024 Bit würde die zur Entschlüsselung benötigte Rechenleistung erheblich anwachsen.[183] Allerdings hat diese asymmetrische Verschlüsselung den deutlichen Nachteil in der Rechenleistung, die zur normalen Ver- und Entschlüsselung zur Verfügung stehen muß.[184]

Dieses o.g. Verfahren könnte in seiner konsequenten Anwendung (Ausnutzung der maximalen verfügbaren Schlüssellänge) für das nötige Maß an Sicherheit sorgen. Die nötige Software kann auf jedem Arbeitsplatzrechner funktionsfähig installiert werden.[185]

Um die Sicherheit und den Schutz der privaten Daten zu gewährleisten, bietet die Technik bereits heute sehr gute Verfahren der Verschlüsselung. Die deutschen Sicherheits- und Strafverfolgungsbehörden befürchten, ihre Abhörmöglichkeit ein-

180) Vgl. Glade, Albert, Reimer, Helmut, Struif, Bruno (Hrsg.), a.a.O., S. 89.
181) Vgl. Kyas, Othmar, a.a.O., S. 174.
182) Vgl. Haass, Michaela, Einbahnstraßen, Falltüren und Euklid, in: PC Magazin DOS, April 1997, S. 248.
183) Vgl. Alpar, Paul, a.a.O., S. 154 f.
184) Vgl. Kyas, Othmar, a.a.O., S. 173
185) Vgl. Mocker, Helmut, Mocker, Ute, a.a.O., S. 132.

schlüsselt zur Verfügung gestellt bekommen.[193] Die Sicherheitsexperten sind sich einig, daß eine solche Regelung die Nutzung von nicht genehmigten Systemen in keiner Weise einschränkt und die Verbreitung über das Internet wohl kaum verhindert.[194]

2.3.1.1 Verschlüsselung im WWW

Mit der zunehmenden Nutzung des WWW steigen auch die Anforderungen an die Sicherheit der kommerziellen Transaktionen im WWW. In der Literatur werden zur Zeit drei Verfahren diskutiert. Es handelt sich hierbei um Basic Authentication und die beiden kryptografischen Protokolle Secure Socket Layer (SSL) und Secure-HTTP (S-HTTP).

Das Basic-Authentication-Verfahren wird bereits heute von allen HTTP Browsern (Client) und Servern unterstützt und hat sich als einziges standardisiert.[195] Wird von einem WWW-Server ein Dokument mit Basic Authentication geschützt, so läuft die HTTP-Sitzung in vier Schritten ab:

1. Der Browser des Benutzers führt einen HTTP-Zugriff auf ein Dokument aus.
2. Der Server verweigert den Zugriff und benennt in einem HTTP-Header das Authentifizierungsverfahren (hier: Basic Authentication) zum Schutz des Dokuments.
3. Der Client (Browser) erfragt im Dialog die Benutzerkennung und ein Paßwort. Die Angaben werden in einem weiteren HTTP-Request an den Server übermittelt.
4. Der Server überprüft die Angaben und gibt das Dokument im Erfolgsfall frei.[196]

Da Basic Authentication keine kryptografische Lösung ist und die Kennungen unverschlüsselt über das Netz übertragen werden, erfüllt diese Lösung nur in einem

---

193) Vgl. Lorenz-Meyer, Lorenz, a.a.O., S. 5.
194) Vgl. Möller, Ulf, Kryptografie: Rechtliche Situation, politische Diskussion, o.O. 1997, S. 9. http://www.thur.de/ulf/krypto/verbot.html (12.05.1997).
195) Vgl. Klute, Rainer, Sicherheit im World Wide Web, in: iX, Heft 12 (1995), S. 4, http://www.ix.de/ix/ 9512132/#1 (12.05.1997).
196) Vgl. Alpar, Paul, a.a.O., S. 156.

geringen Maße die notwendigen Sicherheitsanforderungen. Dennoch kann dieses Verfahren zum Schutz von weniger wichtigen Daten eingesetzt werden.[197]

SSL ist ein von Netscape Communications Corporation entwickeltes Protokoll, um die Sicherheit der Datenströme zwischen dem WWW-Client und WWW-Server zu gewährleisten.[198] SSL setzt am TCP an. Die Vertraulichkeit der Daten wird dabei durch ein hybrides Verfahren aus symmetrischer und asymmetrischer Verschlüsselung gewährleistet.[199] Für die nachfolgende Datenübertragung authentifizieren sich Client und Server (optional) im vorhinein und handeln mittels asymmetrischer Verschlüsselung einen Sitzungsschlüssel aus. Die anschließende Übertragung der Daten erfolgt verschlüsselt mit einem symmetrischen Verfahren, wobei der vorher ausgehandelte Sitzungsschlüssel der Authentifizierung dient.[200] Dem Benutzer bleibt der Aufbau der gesicherten Verbindung verborgen. Allerdings verlangt die Sicherheit des Datenaustausches eine ausreichende Schlüssellänge, die aber aufgrund der bereits erwähnten Tatsache der Exportbeschränkungen (56 Bit) in Deutschland zur Zeit nicht möglich ist.[201]

S-HTTP wurde von Terisa Systems einem Joint-Venture von RSA Data Security Inc. und Enterprise Integration Technologies (EIT) entwickelt und baut auf dem HTTP-Protokoll auf. S-HTTP-Nachrichten bestehen aus gekapselten HTTP-Nachrichten und mehreren vorangestellten Kopfzeilen. In den vorangestellten Kopfzeilen werden dem Kommunikationspartner die verwendeten Kryptoverfahren mitgeteilt. Die Gewährleistung der Vertraulichkeit, Integrität und Authentizität in den gekapselten Nachrichten erfolgt durch symmetrische und asymmetrische Verschlüsselungsverfahren.[202] Die Sicherheitsfunktionen dieses Protokolls sind auf der Anwendungsebene implementiert, wobei die verschiedenen Sicherheitsstufen durch Icons für den Benutzer sichtbar werden. Auch hier stehen die o.g. Exportbeschränkungen der sicheren Verschlüsselung und somit einer weitgehenden Verbreitung von S-HTTP entgegen.[203]

197) Vgl. Klute, Rainer, a.a.O., S. 4 f.
198) Vgl. Reif, Holger, Kossel, Axel, Cyber-Dollars, in: C't, Heft 5 (1996), S. 145.
199) Vgl. Weis, Rüdiger, Meyer, Manfried, Mit Ihrem Namen bezahlen, in: PC Magazin DOS, April 1997, S. 233.
200) Vgl. Kyas, Othmar, a.a.O., S. 106.
201) Vgl. Damker, Herbert, Müller, Günter, Verbraucherschutz im Internet, in: DuD-Aufsatze, Nr. 21 (1997), S. 27.
202) Vgl. Reif, Holger, a.a.O., S. 180.
203) Vgl. Alpar, Paul, a.a.O., S. 158.

SSL ist weiter verbreitet als S-HTTP und wird sich in der Zukunft als Standard durchsetzen. Hauptsächlicher Grund hierfür ist, daß der Netscape Navigator, der meistgenutzte Browser (85% Marktanteil), von demselben Unternehmen hergestellt wird wie SSL.[204]

2.3.1.2 Elektronische Zahlungssysteme im Internet

Zahlungen sind ein wichtiger Bestandteil der kommerziellen Nutzung des Internet. Neben den konventionellen Zahlungsmöglichkeiten existieren bereits mehr oder weniger ausgereifte Verfahren, die eine Online-Zahlung über das Internet ermöglichen. Im Folgenden sollen nun einige wichtige Verfahren näher betrachtet und erläutert werden.

Häufig genutzt wird die Kreditkarte, deren Daten aufgrund fehlender Sicherheitsmechanismen allerdings unverschlüsselt über das Netz übertragen werden. Die Gefahr besteht, daß Hacker diese Informationen abfangen bzw. mißbräuchlich nutzen.

SET (Secure Electronic Transaction) soll diese Sicherheitslücke schließen. Dieser neue Standard wurde von VISA und Mastercard sowie einer Reihe von IT-Unternehmen (IBM, Microsoft, Netscape, etc.) entwickelt und als Standardprotokoll für das Kreditkartengeschäft im Internet vorgeschlagen.[205] Der Sicherheitsstandard des SET übertrifft den bei traditionellen Kreditkartentransaktionen um ein Vielfaches. Die Sicherheit wird durch verschiedene Techniken und den Einsatz moderner Verschlüsselungsalgorithmen realisiert.[206] So wird z.B. die besondere Schwachstelle umgangen, daß die Händler ebenso in den Besitz der Kreditkarteninformationen kommen und diese zum Mißbrauch verwenden können.[207] Wie aus der Abbildung 10 ersichtlich, teilen sich die Transaktionen bei SET in verschiedene Informationskanäle mit drei Transaktionspartnern auf: dem Kunden, dem Händler und der Clearing-Stelle, die die Zahlung bestätigt und auslöst.

---

204) Vgl. Hackmann, Joachim, Browser Marktführer zeigt sich unbeeindruckt, in: Computerwoche, Nr. 24 (1996), S. 24
205) Vgl. Hantusch, Thomas, Matzke, Bernd, Pérez, Mario, a.a.O., S. 63
206) Vgl. Mocker, Helmut, Mocker, Ute, a.a.O., S. 147
207) Vgl. Mersch Online, Secure Electronic Transaction (SET), Frankfurt/Main 1997, S. 1, http://www.mersch.de/research/xchange/set.htm (19.06.1997)

Abbildung 10: Handel und Abwicklung mit SET

Quelle: Mersch Online, Secure Electronic Transaction (SET), Frankfurt/Main 1997, S. 1,
http://www.mersch.de/research/xchange/set.htm 19.06.1997, (leicht modifiziert).

Die Informationskanäle enthalten die für die Zahlung relevanten Daten sowie Handelsinformationen für den Händler. Die Zahlungsdaten sind nur durch die Clearingstelle und durch die Kundenbank einsehbar. SET verwendet dafür das sog. Dual Signature Verfahren. Eine Zertifizierungsstelle garantiert die Authentizität der beteiligten Personen und Organisationen.[208] Mastercard und Credit Union Electronic Transaction Services (CUETS) begannen am 05.06.1997 das erste Pilotprojekt zur Erprobung von SET in der Praxis.[209] Es bleibt also abzuwarten, inwieweit und in welcher Zeitspanne sich SET als Standard für sichere Kreditkartentransaktionen etabliert. Die aktuellen IBM Produkte werden bereits mit SET ausgeliefert.[210]

Der Kreditkarte steht der elektronische Scheck gegenüber. Abgesichert über elektronische Unterschriften können diese ebenfalls für die Abwicklung von Zahlungen

208) Vgl. Hill, Jürgen, Secure Electronic Commerce soll Rechtssicherheit erhöhen, in: Computerwoche, Nr. 44 (1996), S. 5.
209) Vgl. Pressemitteilung Mastercard, Mastercard, Cuets and Sasktel launch secure Electronic Commerce Pilot, o.O. 1997, S. 1, http://www.mastercard.com/press/970605a.html (19.06.1997).
210) Vgl. Müller-Scholz, Wolfgang, Internet in the Sky, in: Capital, Heft 3 (1997), S. 208.

über das Internet eingesetzt werden. Im Gegensatz zur Kreditkarte können die fälligen Beträge sofort abgebucht werden. Eine kreditkartenähnliche Gebühr entfällt.[211]

Elektronisches Geld (E-Cash) ist eine elektronische Werteinheit, die auf einem Speichermedium vorliegt und zur Bezahlung oder Weitergabe an andere verwendet werden kann. Die elektronischen Geldeinheiten werden von der Hausbank des Kunden auf den heimischen Rechner oder auf eine SmartCard heruntergeladen. Beim Einkauf im Internet wird der Betrag von der Festplatte bzw. SmartCard abgebucht.[212] Im Gegensatz zur Verwendung von Kreditkarten oder digitalen Schecks stellt E-Cash eine neue Währung dar, deren Sicherheit durch die Anwendung der verschiedenen Kryptoverfahren (vgl. Abschnitt 2.3.1) gewährleistet wird. Auf dem Markt existieren verschiedene Ansätze für dieses elektronische Zahlungsverfahren. In diesen divergierenden Ansätzen sehen die Sicherheitsexperten große Probleme. Solange es keine Einigung auf einen gemeinsamen Standard gibt, wird kein Konsument und Händler diese Alternative zum konventionellen Geld akzeptieren.[213]

Während diese digitalen Formen der Bezahlung in den USA bereits die Testphase überschritten haben und vereinzelt im Einsatz sind, werden in Deutschland nur die Gefahren und nicht die Chancen gesehen, die sich aus der Nutzung digitaler Geschäftsformen ergeben. Franz Niedermayer (Geschäftsführer Oracle Deutschland) beziffert den Rückstand in digitalen Geschäftsformen gegenüber den USA auf drei Jahre.[214]

2.3.2 Anforderungen an die Sicherheit im Unternehmen

Die Sicherheit der unternehmerischen Daten nimmt nicht erst seit der Kommerzialisierung des Internet einen hohen Stellenwert ein. Das Internet stellt nur eine weitere, zu kontrollierende Schnittstelle dar. Die bestehenden Sicherheitskonzepte müssen aus diesem Grund um die für das Internet notwendigen Sicherheitsmaßnahmen ergänzt werden. Die spezifischen Sicherheitsbedenken teilen sich in folgende Bereiche auf:

211) Vgl. Hantusch, Thomas, Matzke, Bernd, Pérez, Mario, a.a.O., S. 64.

212) Vgl. Mocker, Helmut, Mocker, Ute, a.a.O., S. 138

213) Vgl. Quack, Karin, Bedingung sind einheitliche Standards, in: Computerwoche, Nr. 44 (1996), S. 44.

214) Vgl. Biesel, Helga, Jahresrückblick/Der Euro kommt: Heute die elektronischen Weichen stellen in: Computerwoche, Nr. 51/52 (1996), S. 44 ff.

⇒ Unerlaubter Export von Daten aus dem Unternehmen,

⇒ Sicherheit gegen Einbruch aus dem Internet in das eigene System,

⇒ Sicherheit der Absender-Authentifikation (z.B. E-Mail),

⇒ Unversehrtheit der Daten,

⇒ Schutz personenbezogener Daten nach dem Bundesdatenschutzgesetz,

⇒ Sicherheit gegen den Import von Computerviren und trojanischen Pferden.[215]

Einen wirksamen Schutz vor Angriffen aus dem Internet bieten Firewall-Systeme. Unter einem Firewall-System ist eine Ansammlung von Komponenten zu verstehen, die folgende Bedingungen erfüllen:

⇒ Der Datenverkehr zwischen dem Unternehmensnetz und dem Internet muß die Firewall passieren.

⇒ Es werden nur die im Sicherheitskonzept vorgesehenen Datentransportmöglichkeiten zugelassen.

⇒ Die Firewall selbst muß immun gegen Angriffe sein.[216]

Ein Firewall-System ist die derzeit effektivste Methode, ein Netzwerk abzusichern. Es überwacht und protokolliert alle vom Unternehmen ausgehende Aktionen. Gleichzeitig wird ein unberechtigter Zugang von außen unterbunden.[217] Die Sicherheit kann allerdings nur gewährleistet werden, wenn das System ständig überwacht und in regelmäßigen Abständen, z.B. bei Bekanntwerden neuer Einbruchsverfahren/-versuche, aktualisiert wird.[218] Neben der Schwierigkeit, sichere Systeme zu konstruieren, besteht eine ebenso große Schwierigkeit, sie zu administrieren. Ein Sicherheitskonzept kann noch so gut strukturiert entworfen sein, menschliches Versagen kann jeden Schutzmechanismus außer Kraft setzen.

Vor der Konzeption einer Internet-Sicherheitsstrategie steht die Frage, vor wem und vor was sich das Unternehmen schützen möchte, und wie hoch die Wahrscheinlichkeit eines Angriffes auf das Unternehmensnetzwerk aus dem Internet ist. Ein ausgeklügelter Sicherheitsmechanismus kostet nicht nur viel Geld, sondern kann

---

215) Vgl. Hantusch, Thomas, Matzke, Bernd, Pérez, Mario, a.a.O., S. 74.

216) Vgl. Cheswick, William R., Bellovin, Steven M., a.a.O., S. 10.

217) Vgl. Berres, Anita, a.a.O., S. 83.

218) Vgl. Hantusch, Thomas, Matzke, Bernd, Pérez, Mario, a.a.O., S. 79.

sich auch negativ auf die Systemleistung auswirken. Aus diesem Grund sollte vor der Realisierung eine Kosten-Nutzen-Analyse durchgeführt werden.[219]

Ein Beispiel für ein Unternehmen, das sich der Herausforderung des Internets bereits frühzeitig stellt, ist die Joh. Vaillant GmbH & Co.

3   Joh. Vaillant GmbH & Co. und proLean Software und Service GmbH

Die Joh. Vaillant GmbH u. Co. (kurz: Vaillant) wurde im Jahre 1874 durch Johann Vaillant als Meisterbetrieb des Installationshandwerks in Remscheid gegründet. Mit über 7.000 Mitarbeitern hat sich das Unternehmen zu einem der führenden Hersteller für Heiztechnik in Europa entwickelt. Das Unternehmen zeichnet sich durch seine europaweite Aktivität aus, die seit den Anfängen in den sechziger Jahren immer weiter ausgebaut wurde. In den internationalen Vertretungen engagieren sich rund 1.000 Mitarbeiter. 1996 wurde die Datenverarbeitung in eine Tochtergesellschaft (proLean Software und Service GmbH) ausgegliedert. Schwerpunkt der Tochtergesellschaft ist die Prozeßorganisation und die Informationstechnologie im Zusammenhang mit SAP/R3. Vaillant ist bisher der einzige Kunde der proLean Software und Service GmbH. Der Einstieg in diesen Markt ist erst für das Jahr 1999 mit Vaillant als Referenzkunden geplant. Im Mittelpunkt des Interesses beider Unternehmen steht die strategische Ausrichtung der Prozesse am Kunden. Um den individuellen Anforderungen gerecht zu werden, ist es erforderlich sich auf die Wünsche des Kunden einzustellen, Systemlösungen anzubieten und den Kunden bei der Umsetzung von Problemlösungen einzubeziehen. Zur Realisierung der daraus entstehenden Anforderungen wurde 1996 ein unternehmensweiter Qualitätsverbesserungsprozeß (Vaillant Exzellenz) eingeführt. Diese Maßnahme zur Erreichung von „Business Quality" beruht auf einem Modell der EFQM (European Federation for Quality Management). Im Gegensatz zur traditionellen Qualitätssicherung als rein technische Funktion wird die Verbesserung der Qualität als ein systematischer und präventionsorientierter Prozeß verstanden, der das ganze Unternehmen betrifft. Dieser Prozeß beinhaltet Methoden zur Lösung von Problemen (PLP-Problemlösungsprozeß) und der Qualitätsverbesserung (QVP-Qualitätsverbesserungsprozeß). Mittels des QVP wurde in Zusammenarbeit mit dem stellvertretenden Leiter der IT-Abteilung bei proLean eine Vision (vgl. Abschnitt 3.2) entwickelt: eine Prozeßab-

---

219) Vgl. Berres, Anita, a.a.O., S. 82.

wicklung der Bestellung von Ersatzteilen und Elektroartikeln über das Internet. Vaillant ist bereits mit einer einfachen Homepage (http://www.vaillant.de) im Internet vertreten. Vor der Darstellung meiner Visionsentwicklung erfolgt nun eine modellhafte Beschreibung und Untersuchung des Ist-Zustands[220] des bisherigen Vertriebsweges (vgl. Abschnitt 3.1).

3.1 Ist-Zustandsbeschreibung

Die Vaillant Produkte werden grundsätzlich über den Fachgroßhandel und von dort weiter über das Fachhandwerk vertrieben, dessen technische Kompetenz bei der Installation der Geräte, bei der Verbindung mit Steuer- und Regelungsgeräten sowie beim Anschluß an die Energieträger erforderlich ist (vgl. Abbildung 11).

Abbildung 11: Traditioneller Vertriebsweg der Vaillant Produkte

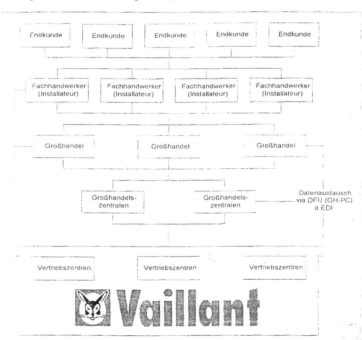

---

220) Die hier aufgeführten Daten habe ich in mehreren Gesprächen mit Herrn Scheid, dem stellvertretenden Leiter der IT-Abteilung bei proLean Software und Service GmbH, erarbeitet.

Aus der Abbildung 11 wird ersichtlich, daß das Vertriebssystem hierarchisch mit Wechselbeziehungen der Ebenen aufgebaut ist. Der private Haushalt (HH) hat keinen direkten Kontakt mit Vaillant, sondern wendet sich bei Reparatur- und/oder Dienstleistungsbedarf direkt an den Fachhandwerker (FH). Der FH kauft i.d.R. über den ortsansässigen Großhandel (GH) seine Produkte und Ersatzteile ein. In Ausnahmefällen, z.B. bei Lieferproblemen des GH, ist es ihm aber möglich, über ein regionales Vertriebszentrum (RVZ) von Vaillant Ersatzteile direkt zu bestellen. Der GH bestellt entweder direkt über den elektronischen Datenaustausch (DFÜ o. EDI) bei einem RVZ oder über eine Großhandelszentrale, die wiederum die Möglichkeit hat, entweder über DFÜ/EDI oder direkt bei einem RVZ zu ordern. Den RVZs kommt bei dieser traditionellen Geschäftsabwicklung eine besondere Aufgabe zu. Sie stehen insbesondere dem FH mit technischer Beratung kompetent zur Seite, bieten Schulungsmaßnahmen an und stellen ein Team von Beratern im Innen- und Außendienst als Ansprechpartner.

Diese Form des Vertriebes soll in seiner Grundstruktur erhalten bleiben. Allerdings will die Unternehmensführung im Zuge ihrer innovativen Unternehmenspolitik neue Wege beschreiten.

3.2 Vision des Internet-Einsatzes

Auf der Grundlage des traditionellen Geschäfts wird derzeit eine Vision entwickelt, welche Business im Internet im Bereich der Ersatzteil- und Elektroartikelbestellung ermöglichen soll. Diese Vision wird mit Hilfe des QVP entwickelt und dargestellt. Es beinhaltet die folgenden grundsätzlichen Schritte:

⇒ Arbeitsergebnis definieren,

⇒ Kunden identifizieren,

⇒ Kundenanforderungen identifizieren,

⇒ Anforderungen in Lieferantenvorgaben umsetzen,

⇒ Schritte des Arbeitsprozesses definieren und

⇒ Messungen definieren.

Das Arbeitsergebnis ist als ein interaktives Geschäft innerhalb des Internets zu definieren. Neben der interaktiven Bereitstellung von kundenspezifischen Informationen zu Produkten und Dienstleistungen sollen Verfügbarkeitsabfragen möglich sein. Desweiteren werden dem Kunden im Rahmen von Abfragen der nächstmögliche

Liefertermin und der Preis des Produktes bzw. der Dienstleistung mitgeteilt. Eine automatische Weiterleitung der in das Vaillant-System aufgegebenen Bestellung an einen Expreß-Lieferdienst wie z.B. UPS oder DPD muß gewährleistet sein. Zum Schutz der Hard- und Softwareressourcen und des SAP/R3 Warenwirtschaftsystems, ist es nur autorisierten Nutzern vorbehalten, Aktionen (z.B. Verfügbarkeitsabfragen) durchführen zu können. Im Falle einer anonymen Nutzung der Vaillant Web-Site wird der Nutzer ausdrücklich darauf hingewiesen, daß er nur Zugriff auf allgemeine Informationen hat.

Bei der Identifizierung des Kunden sind die bestehenden Kundenstrukturen zu beachten. Zusätzlich wird die Ausweitung des Kundenkreises auf die HH beabsichtigt. Die Bestellmöglichkeiten der HH werden dabei aufgrund gesetzlicher Vorschriften und der mangelnden Fachkenntnisse ausschließlich auf Elektroartikel (z.B. Unter-Tisch-Geräte, Durchlauferhitzer, etc.) beschränkt.

Für die Identifizierung der Kundenanforderungen wird wiederum zwischen dem FH und dem HH unterschieden. Der FH benötigt technische Hintergrundinformationen zum angebotenen Ersatzteil, der HH hingegen allgemeine produktbezogene Informationen. Mit der Geschäftsabwicklung im Internet müssen Kundensupport und -betreuung ebenso sichergestellt sein wie die sofortige Bearbeitung von Fragen und Anregungen durch die Kunden. Davon verspricht sich Vaillant, die Möglichkeiten und den Zeitvorteil dieses neuen Mediums optimal zu nutzen. Dem FH wird auch nach Geschäftsschluß die Möglichkeit gegeben, den Lieferstatus abzufragen, eine Order zu erteilen und damit eine Lieferung am nächsten Tag zu erhalten. Diese kurzfristigen Lieferungen stellen natürlich immense Anforderungen an Logistik und Transport. Vaillant hat die Lagerhaltung seiner Produkte an die Fremdfirma TechnoCargo ausgegliedert. Aus diesem Grund muß eine direkte Verbindung des SAP/R3 mit dem System von TechnoCargo und mit dem eines Expreßdienstes hergestellt werden, so daß die Daten schnellstmöglich bearbeitet und die Ersatzteile schnell und zuverlässig zugestellt werden können. Wichtige Voraussetzung ist aber, daß die Sicherheitsbedenken der Kunden ausgeräumt werden, indem sie z.B. über die Möglichkeiten neuer Sicherheitsstandards bei Transaktionen im Internet informiert werden.

Die Umsetzung der Kundenanforderungen in Lieferantenvorgaben setzen voraus, daß geeignete Ressourcen (Hard-/Software, Personal, Provider, etc.) zur Verfügung stehen. Ein leistungsfähiges Warenwirtschaftsystem (SAP/R3 Release 2.2) ist bereits bei Vaillant in den betrieblichen Einsatz integriert. Mit dem Release-Stand 3.1 liefert SAP die Grundlage für die Integration eines Business-Systems ins Internet. Die Anwendungen, die mit dem Release 3.1 ausgeliefert werden, unterstützen alle in Abschnitt 2.2.2 beschriebenen Geschäftsbeziehungen. Im System R/3 3.1 sind Schnittstellen (sog. BAPIs) definiert, die Transaktionen über Unternehmensgrenzen hinweg ermöglichen und mit verschiedenen betriebswirtschaftlichen Anwendungen unterschiedlicher Anbieter interagieren.[221] So können z.B. Lieferungen des Expreß-dienstes ohne Eingreifen eines Sachbearbeiters veranlaßt werden. Bei einer konsequenten Umsetzung ist somit sichergestellt, daß den Anforderungen der Kunden entsprochen werden kann. Der Releasewechsel auf diesen Stand ist bei Vaillant für den Herbst 1997 vorgesehen.

Die Definition der Arbeitsprozesse bei einer Bestellung über das Internet sollen anhand der beiden folgenden Abbildungen erläutert werden. Durch die bisher beschriebenen Schritte muß hier folglich eine Unterscheidung des Zugangs nach FH und HH vorgenommen werden.

Eine wichtige Rolle bei der Prozeßoptimierung kommt den zu definierenden Messungen zu. Diese ermöglichen einen Soll-Ist-Vergleich und identifizieren damit fehlerhafte bzw. zu verbessernde Tätigkeiten. Gleichzeitig erlauben sie, Aussagen über die Nutzung und Wirtschaftlichkeit des Business zu treffen.

3.3   Explizite Betrachtung der Kundengruppen

Aufgrund ihrer Bedeutung wird an dieser Stelle die Unterteilung der Kundengruppen detaillierter dargestellt und erläutert.

Wie schon o.g. werden auf der Vaillant Homepage zwei Kundengruppen (FH und HH) unterschieden. Möchte nun ein Kunde eine produktspezifische Anwendung im Internet ausführen, muß er sich einer dieser Kundengruppen zuordnen. Dies geschieht in einem Unterpunkt auf der Homepage. Die Möglichkeiten der FH-spezifischen Anwendungen werden in Abbildung 12 und die des HH in Abbildung 13 erläutert.

---

221) Vgl. SAP Info Nr. 53 - 3/97, Geschäftsprozesse über das Internet, Walldorf 1997, S. 9. http://www.sap-ag.com.

Abbildung 12: Vision der Ersatzteilbestellung für den FH

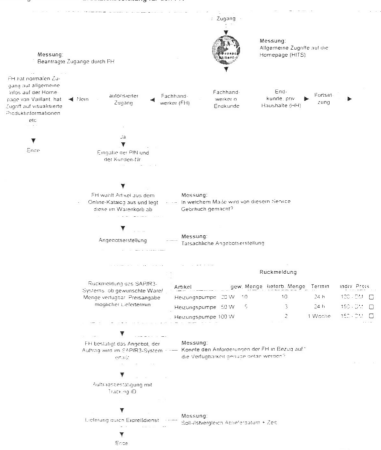

Aufgrund der qualitätsorientierten Ausrichtung des Vertriebes hat der FH nur einen Zugang auf das Produktivsystem (SAP/R3 3.1), wenn er sich im Vorfeld gegenüber Vaillant identifiziert hat und als autorisierter FH bekannt ist. Ein nicht autorisierter FH kann sich auf der Vaillant Homepage über die ihm zur Verfügung stehenden Möglichkeiten und Vorteile einer Identifizierung ausführlich informieren und diese direkt veranlassen. Wenn der FH nicht über die notwendigen Ressourcen für ein Business im Internet (Hard-/Software, Internet-Zugang, etc.) verfügt, kann er diese als Komponenten eines umfassenden Serviceangebots von Vaillant zu einem kostengünstigen Preis beziehen. Im Fall einer Zusammenarbeit stehen dem Kunden kompetente und erfahrene Kundendienstmitarbeiter zur Seite, die ebenso Schulungen für den FH durchführen. Weiterhin erhält der FH eine Kunden CD-ROM, auf der er sich

die Produkte offline anschauen (technische Beschreibungen der Artikel, Explosions-
zeichnungen, technische Zeichnungen, etc.), sie auswählen und anschließend direkt
online bestellen kann. Die Zugangsberechtigung bietet ebenso den Vorteil der möglichen Teilnahme an themenspezifisch auf den FH zugeschnittenen Newsgroups an.
Für Fragen und Anregungen stehen dem FH Ansprechpartner aus den verschiedenen Geschäftseinheiten zur Seite, die er über E-Mail erreichen kann.

Autorisierte FH können eine Bestellung über das Internet veranlassen. Die Artikel
werden aus einem virtuellen Katalog mit visualisierten Informationen ausgewählt
und in einem Warenkorb abgelegt. Hat der FH seine Wahl getroffen, kann er eine
sog. Angebotserstellung mit Wunschliefertermin (24h oder 48h) und Menge im
System auslösen. In einer Rückmeldung erfolgt die Information, ob die Artikel in der
gewünschten Menge zum vorbestimmten Lieferdatum und Preis verfügbar sind. An
dieser Stelle ist es möglich, das Angebot gesamt oder selektiv zu bestätigen und
direkt im SAP/R3-System von Vaillant zu erfassen. Durch das System bekommt der
FH eine Auftragsbestätigung mit Tracking-ID, mit der es jederzeit möglich ist, den
Lieferstatus zu überwachen. Ist der Auftrag erfaßt, wird ein automatischer Workflow
der Bestellabwicklung von Vaillant bis hin zum Expreßdienst ausgelöst. Die bestellte
Ware wird durch den Expreßdienst ausgeliefert, und abhängig von der vereinbarten
Zahlart wird das Entgelt vereinnahmt.

In weiten Teilen unterscheiden sich die Arbeitsprozesse des FH und des HH nicht.
Aus diesem Grund werden im Folgenden nur die Unterschiede zwischen FH und HH
anhand der Abbildung 13 und weiterer Erläuterungen herausgestellt.

Abbildung 13: Vision der Elektroartikelbestellung für den HH

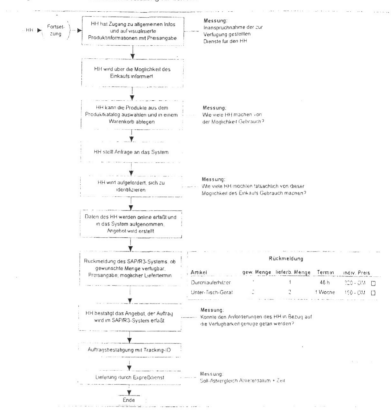

Der HH hat uneingeschränkten Zugriff auf allgemeine Informationen und visualisierte Produktbeschreibungen mit Preisangaben. Da die angebotenen Produkte eher dem Bereich der Konsumgüter zuzuordnen sind und ein großer Kundenkreis angesprochen werden soll, ist es nicht nötig, daß der Kunde sich beim Zugang in diesen Bereich identifiziert. Der HH wird über die bestehende Einkaufsmöglichkeit und die Vorteile, die sich daraus ergeben, informiert. Es wird ausdrücklich darauf hingewiesen, daß zwar Artikel im Warenkorb abgelegt werden können, jedoch Verfügbarkeitsabfragen und die Möglichkeit der Online-Bestellung nur bestehen, wenn sich der HH mit Namen, Anschrift und Bankverbindung online identifiziert. Damit ist in weitem Maße gewährleistet, daß nur interessierte Benutzer von diesem Angebot Gebrauch machen. Die Hard- und Softwareressourcen werden gleichzeitig geschützt und geschont.

Nachdem die Daten online erfaßt wurden, erfolgt die Prozeßabwicklung analog zum Vorgang beim FH. Im Unterschied zum FH-Kontakt besteht keine Wahlmöglichkeit der Zahlungsmethode. Diese erfolgt grundsätzlich per Nachname, wie es im Versandhandel durchaus üblich ist.

Der Verkauf von Waren steht für den HH-Kontakt nicht im Vordergrund. Dem HH sollen vielmehr umfangreiche Informationen bereitgestellt werden, die es ihm z.B. ermöglichen, bei Bedarf umgehend einen FH in seiner geografischen Umgebung zu lokalisieren, dessen Darstellung näher zu betrachten und ihn entsprechend seinen Anforderungen auszuwählen.

Abschließend läßt sich sagen, daß die klassische Form des Vertriebs (vgl. Abschnitt 3.1) weitgehend beibehalten und das Internet nur unterstützend zur Seite stehen soll. Gerade im Bereich des Kundendienstes eröffnet das Internet dem Unternehmen mit dem E-Mail Dienst diverse Möglichkeiten, indem die Ansprechpartner über eine eigene E-Mail Adresse direkt erreichbar sind oder die Beantwortung häufig gestellter Fragen per Autoresponder erfolgt. Vaillant verbindet mit dem Einstieg in das Internet-Business nicht unbedingt eine Umsatzsteigerung. Zielsetzungen sind die Imageförderung des Unternehmens und die Betonung der Innovationsbereitschaft gegenüber dem Kunden. Ebenso verspricht man sich, über diesen Weg Erfahrungen zu sammeln, um in diesem potentiellen Markt den Anforderungen in Zukunft gerecht zu werden.

4   Resümee

Die vorangegangene Untersuchung über das Internet als neuen Marktplatz für den Handel hat gravierende Probleme aber auch mögliche Chancen aufgezeigt. Trotz stetig wachsender Zahlen privater Nutzer, die ein enormes Kundenpotential darstellen, herrscht nach wie vor große Skepsis auf Seiten der Unternehmen. Diese erscheint angesichts der aufgezeigten Schwierigkeiten durchaus verständlich. Besonders die angesprochenen Sicherheitsfragen stellen dabei für die Unternehmen (ebenso wie für die Kunden) ein großes Problem dar. Die Forderung an die Gesetzgebung, den rechtsleeren Raum des Internets, unter Beibehaltung der unternehmerischen Freiheit, zu füllen, ist einzusehen. Die damit begründete Zurückhaltung der Unternehmen beim Einsatz des Internet als neuen Marktplatz für den Handel ist insbesondere nicht für den Standort Deutschland förderlich. Das generelle Problem, am Standard zu verharren und innovative Wege zu vernachlässigen, zeigt sich nicht nur am Beispiel Internet. Die Unternehmen sollten sich nicht grundsätzlich hinter solchen Forderungen verstecken. Im Vergleich zwischen Europa und der Technologiegesellschaft USA sind große Unterschiede festzustellen. In den USA sind die Handelsmöglichkeiten im Internet bereits weiter fortgeschritten. In Zeiten der Globalisierung der Märkte könnte der Handel übers Internet einen wichtigen Wettbewerbsvorteil ausmachen. Es besteht die Gefahr, daß Europa den Anschluß verliert und dies nachhaltige wirtschaftliche Konsequenzen nach sich zieht.

Allerdings stellt sich die Frage, ob die Hemmnisse der europäischen Gesellschaft abgebaut werden können und sie daraus resultierend „internethandelsfähig" wird. Ausschlaggebend wird dabei der Generationswechsel sein, da stets die jüngeren Generationen neuen Medien aufgeschlossener gegenüberstehen. Gelingt es, das Internet als gängiges Kommunikationsmedium zu etablieren, steht seinem Erfolg nichts im Wege. Die Anzahl der Unternehmen, die eine solche Entwicklung sehen und bereit sind, aus vergleichsweise geringen Investitionen die Vorteile zu nutzen und die Risiken zu tragen, steigt an. Das Beispiel Vaillant zeigt das innovative Umdenken eines Unternehmens in diesem Bereich.

Eine übergroße Vorsicht ist unangebracht. Die Vorteile, die das Internet sowohl für private Haushalte als auch für die Unternehmen bietet, machen eine Nutzung fast unumgänglich. Die Begeisterung der jüngeren Generation bei der Nutzung neuer Medien wird ihren Teil dazu beitragen. Hinzu kommt, daß neue Technologien, z.B. hinsichtlich der Sicherheit, selbst die größten Skeptiker zu einem Umdenken bewegen werden. Solange jedoch solche Pannen auftreten, wie die im Juli 1997, bei der große Teilbereiche des weltweiten Internets wegen eines Bedienungsfehlers ausfielen, werden sie noch weiter in ihrer Zurückhaltung bekräftigt.

Nach Abwägung aller Vor- und Nachteile bzw. Risiken und Chancen läßt sich zusammenfassend sagen, daß sich das Internet in Zukunft trotz offener Fragen zu einem Wirtschaftsfaktor entwickeln wird. Es stellt eine zukunftsweisende Technologie dar, die der Stärkung der Wettbewerbs- und Konkurrenzfähigkeit bei einer frühzeitigen Nutzung dienlich ist.

Anhang

Anhangverzeichnis

I.   Organisationen der ISOC

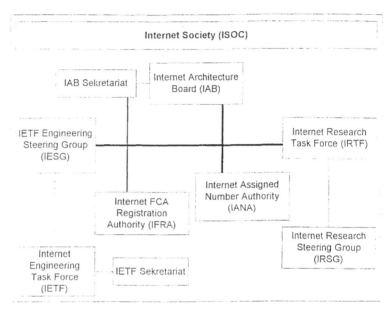

Quelle: Alpar, Paul, Kommerzielle Nutzung des Internet, Berlin, Heidelberg 1996, S. 38.

II.   Top-Level-Domains

Top-Level-Domains			
Endung	Bereichstyp	Endung	Bereichstyp
.com	kommerzielle Organisation	.uk	Großbritanien
.edu	Bildungseinrichtungen	.firm	Unternehmen [1]
.gov	Regierungsstellen	.store	Anbieter für Online-Shops [1]
.mil	Militärische Einrichtungen	.web	Internetbezogene Angebote [1]
.net	Netzwerkbetreiber	.arts	Kulturelle Angebote [1]
.org	diverse Organisationen	.rec	Freizeitangebote [1]
.de	Deutschland	.info	Informationsanbieter [1]
.ch	Schweiz	.nom	Persönliche Homepages [1]
		[1] zusätzliche Endungen seit dem 01. Mai 1997	

Quelle: Focus Online (Hrsg.), Die neuen Namen, o.O. o.J., S. 1, http:focus.de/DD/DD42/dd42a.htm

III.   Shopping Mall der Karstadt AG („My World")

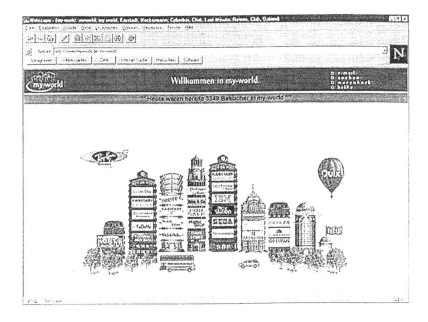

IV. Kalkulationsbeispiel für ein Web-Site Projekt

Tätigkeit	Einheit	Preis/Einheit (DM)	Faktor	Gesamt (DM)	Bemerkungen
I. Konzept u. Planung					
Workshop	Tag	2.800 DM	1	2.800 DM	Unterlagen aus vergangenen Projekten vorhanden, lediglich stellenweise Anpassung
Erstellen von 3 Bsp.-Seiten	Std.	220 DM	5	1.100 DM	
Strukturentwurf/Zielgruppen-definition/Markttest	pauschal	3.200 DM	1	3.200 DM	Mitarbeit des Auftraggebers
Briefing/Angebot	Std.	160 DM	3	480 DM	max. 2-3 Std.
Summe Phase I				*7.580 DM*	Phase I sollte 12% der Auftragssumme nicht überschreiten
II. Design/Prototyping/Spezifikation					
Drehbuch	Std.	180 DM	20	3.600 DM	Bei größeren Präsenzen deutlich höherer Anteil am Gesamtvolumen
interaktives Infodesign	Std.	220 DM	30	6.600 DM	grafisches Grundkonzept einschließlich CI-Umsetzung
Prototyping	Std.	130 DM	40	5.200 DM	Erstellung gut dokumentierter Bsp.-Seiten aller Bereiche einschl. Navigations-schaltf.
Testing und Spezifikation	Std.	130 DM	24	3.120 DM	
Summe Phase II.				*18.520 DM*	
III. Produktion					
Screendesign/HTML-Design	Std.	220 DM	50	11.000 DM	
Textproduktion	Zeile	2 DM	5000	10.000 DM	(=Hypertext-Authoring)
HTML-Konvertierung	Std.	130 DM	12	1.560 DM	tollbasierte Konvertierung
Bildbearbeitung	Std.	130 DM	20	2.600 DM	Bild-Squeezing
Scanning	Scan	20 DM	30	600 DM	
Datenbankdesign	Std.	180 DM	10	1.800 DM	
CGI-Scripting	Std.	220 DM	6	1.320 DM	lediglich Anpassung vorhandener Scripts
Java-Programmierung	Std.	220 DM	30	6.600 DM	Einfache Applets zur Bildsteuerung u. zur Beleuchtung der Buttons
Installation/Konfiguration Server Hard- und Software	Std.	180 DM	8	1.440 DM	
Summe Phase III.				*36.920 DM*	
IV. Tests					
Offline- u. Online Test	Std.	85 DM	25	2.125 DM	Gesamtsystem
Systemdokumentation	Std.	130 DM	30	3.900 DM	
Summe Phase IV.				*6.025 DM*	
V. Promotion					
Online-Website Marketing	pauschal	4.800 DM	1	4.800 DM	
Summe Phase V.				*4.800 DM*	
VI. Hardware				,	
WWW-Server Dual Pentium Pro 200MHz, 2 GB Wide SCSI, 128 MB RAM, WIN-NT 4.0 Server, MS SQL-Server	Stck.	25.000 DM	1	25.000 DM	
Summe VI.				*25.000 DM*	
kalkulierte Gesamtkosten				**98.845 DM**	(500 geplante Web-Seiten)

Quelle: Resch, Jörg, Marktplatz Internet. Unterschleißheim 1996. S. 211 ff. (leicht modifiziert)

Im vorgenannten Beispiel sind relativ niedrige Kosten für Hardware eingesetzt, da das Unternehmensnetz bereits an das Internet angebunden ist, Firewall und Proxy sind bereits im Einsatz. Ein geeigneter Provider wurde bereits im Vorfeld ausgewählt; aus diesem Grund sind die Kalkulationskosten in der o.g. Tabelle nicht enthalten.

V.   Suchmaschinen im WWW

Name	URL	Bemerkung
Lycos	http://www.lycos.com	91% des WWW
Alta Vista	http://www.altavista.com	incl. UseNet Suche
Yahoo	http://www.yahoo.com	incl. themenbezogene Suche
Web.de	http://www.web.de	deutsche Suchmaschine
Dino	http://www.gwdg.de/~ifbg/suche.html	deutsche Suchmaschine
Webcrawler	http://info.webcrawler.com	Schlüsselwortsuche
Infoseek	http://www.infoseek.com	ignoriert „Noise Words"
Excite	http://www.excite.com	incl. UseNet Suche
Nlightn	http://www.nlightn.com	Nachrichtenagenturen

Quelle   Sommergut, Wolfgang, Tendenz zur Spezialisierung der Dienste, in: Computerwoche Nr. 32 (1996), S. 17 f, (leicht modifiziert).

VI.   Preisstruktur der Wirtschaftsdatenbanken Genios

Typ der Datenbank	Dokumente in DM	
	von	bis
Zeitungsdatenbanken	3,60	4,80
Fachzeitschriften	4,20	5,40
Firmenadressen	3,00	6,60
Firmenprofile	6,60	19,20
Bilanzdatenbanken/Firmenreports	30,00	78,00
Faktendatenbank	12,00	19,20
Rechtsdatenbanken	3,60	9,60

Quelle: Genios Wirtschaftsdatenbanken, S. 1, http://www.genios.de/index.html (20.05.97).

Eine detailliertere Preisliste ist unter http://www.genios.de/info/preise/detailpr.htm zu finden.

VII.   Checkliste für eine Bedarfsanalyse

❑ Kommunikation

  ❑ Intern (Intranet)

  ❑ Extern (Vertrieb, Kunden, Lieferanten, etc.)

❑ Information

  Informationen suchen, wiederfinden, nutzen für Marketing Research, Training.

  Entwicklung, etc.

❑ Datentransfer

  Datenaustausch zwischen Unternehmensstandorten, von und zu anderen

  Firmen

❑ Logistik

  Terminpläne, Planungen, Kalender, Lagerbestand. Inventar

❑ Kostendämpfung – alternative Kommunikation

  ❑ Telefon

  ❑ Post

  ❑ Personen – Effizienz des Kundendienstes, Meetings reduzieren, Telearbeit

  ❑ Sonstiges – Ankündigungen, Newsletter, etc.

❑ Marketing

  ❑ Marktforschung – primäre und sekundäre, Kundenumfragen

  ❑ Direkt-Marketing

  ❑ Werbung

❑ Vertrieb

  ❑ Produktunterstützung

  ❑ Distributionskanal

  ❑ Informationen für Verkäufer wie Kunden

  ❑ Online-Verkauf

❑ Zusammenarbeit

  Arbeitsgruppen, Projektgruppen, Entwicklungsteams. Special Task Forces.

  Provider, Werbe-Agentur, etc.

❑ Sonstiges

Quelle: Berres, Anita. Marketing und Vertrieb mit dem Internet. Berlin. Heidelberg, New York 1996. S. 172. (leicht
         modifiziert).

Literaturverzeichnis

Alex, Wulf, Bernör, Gerhard	Unix, C und Internet, Berlin, Heidelberg 1994
Alpar, Paul	Kommerzielle Nutzung des Internet, Berlin, Heidelberg 1996
Arbeitskreis Technik der Konferenz der Daten- schutzbeauftragten des Bundes und der Länder	Orientierungshilfe zu Datenschutzfragen des An- schlusses von Netzen der öffentlichen Verwaltung an das Internet, Berlin 1995, URL: http://www.datenschutz-berlin.de/jahresbe/95/ sonstige/internet.htm#nr3 (10.04.1997)
Babatz, Robert, u.a.	Internet für die obersten Bundesbehörden, Bonn 1995
Bager, Jo	Fliegende Händler, in: C't, Heft 3 (1997), S. 170 – 172
Barret, Daniel J.	Gauner und Ganoven im Internet, Bonn 1996
Beiersdorf, Wilfried	Internet braucht weltweite Regeln, in: WAZ vom 08.07.1997, S. 5
Beiersdorf, Wilfried	Nur ein Anfang, in: WAZ vom 09.07.1997, S. 2.
Berberich, Frank	Auf Schnäppchenjagd im Cyberspace, in: Connect, Heft 12 (1996), S. 127 – 131
Berberich, Frank, Lindenau, Annette, Witte, Heide	Durchs Netz der Netze, in: PC-Welt, Heft 3 (1996), S. 230 – 260
Berres, Anita	Marketing und Vertrieb mit dem Internet, Berlin, Heidelberg, New York 1997
Bess, Jörg, Franke, Götz	Die Vernetzung der Teams, in: Capital, Heft 3 (1997), S. 236 – 238
Biesel, Helga	Jahresrückblick/Der Euro kommt: Heute die elektro- nischen Weichen stellen, in: Computerwoche, Nr. 51/52 (1996), S. 44 – 46

Bundesministerium für Wirtschaft (Hrsg.)	Pressemitteilung des Bundesministerium für Wirtschaft, Rexrodt: „Task Force Kryptopolitik" für mehr Sicherheit im Bereich der Informationstechnologie, Bonn 1996 URL: http://www.bmwi.de/presse/1007prm.html (12.05.1997)
Canter, Laurence A., Siegel, Martha S.	Profit im Internet, Düsseldorf, München 1995
Cheswick, William R., Bellovin, Steven, M., Sieber, Ulrich	Firewalls und Sicherheit im Internet, Bonn, Paris 1996
Claus, Volker Schwill, Andreas	Die Informatik, 2. neu bearbeitete Auflage, Mannheim, Wien, Zürich 1991
Corman, Patrick, Bressler, Stacey, Loftus, Jack	„Startling Increase", in: Internet-Shopping, Palo Alto 1997, URL: http://www.commerce.net/work/pilot/nielsen_96/press_97.html (16.05.1997)
Cybernet Internet-Dienstleistungen AG (Hrsg.)	Kostengünstige Internet-Technik definiert das Intranet. in: Informationsbroschüre der Cybernet Internet-Dienstleistungen AG, München o.J., S. 1 – 20
Damker, Herbert, Müller, Günter	Verbraucherschutz im Internet, in: DuD-Aufsätze, Nr. 21 (1997), S. 24 – 29
Fantapié Altobelli, Claudia, Hoffmann, Stefan	Die optimale Online-Werbung für jede Branche, München 1996
Fantapié Altobelli, Claudia, Stefan, Hoffmann	Werbung im Internet. Bd. 6. München o.J.
Focus Online (Hrsg.)	Die neuen Namen, o.O. o.J., S. 1, URL: http:focus.de/DD/DD42/dd42a.htm

Freyermuth, Gundolf S.   Cyberwirtschaft, in: Bollmann, Stefan, Heibach,
                          Christiane (Hrsg.), Kursbuch Internet,
                          Mannheim 1996, 178 – 190

Gabler Verlag (Hrsg.)   Gabler Wirtschaftslexikon, 13. vollständig überarbeitete
                          Auflage, Taschenbuch-Kassette mit 8 Bänden, Wies-
                          baden 1993

Genios Wirtschaftsdaten- Preisliste Genios Wirtschaftsdatenbanken,
banken (Hrsg.)   URL: http://www.genios.de/index.html (20.05.1997)

Glade, Albert,   Digitale Signatur und sicherheitssensitive Anwendun-
Reimer, Helmut,   gen, Braunschweig, Wiesbaden 1995
Struif, Bruno (Hrsg.)

Gönner, Kurt, u.a.   Betriebswirtschaftslehre, 2. durchgesehene und
                          erweiterte Auflage, Bad Homburg von der Höhe 1988

Gray, Matthew   Web Growth Summary, o.O. 1996,
                          URL: http://www.mit.edu/people/mkgray/net/web-
                          growth-summary.html

Griese, Joachim,   Internet: Nutzung der Unternehmungen,
Sieber, Pascal   Griese, Joachim, Grünig, Rudolf, Kühn, Richard (Hrsg.),
                          Praxishilfen für Unternehmungen, Bd. 3,
                          Bern, Stuttgart, Wien 1996

Haass, Michaela   Einbahnstraßen, Falltüren und Euklid, in: PC Magazin
                          DOS, April 1997, S. 248 – 257

Hackmann, Joachim   Browser Marktführer zeigt sich unbeeindruckt, in: Com-
                          puterwoche, Nr. 24 (1996), S. 24

Hantusch, Thomas,   SAP/R3 im Internet,
Matzke, Bernd,   Bonn 1997
Pérez, Mario

Harms, Jörg Menno   Computertechnik, Telekommunikation, Unterhaltungs-
                          elektronik und Medien wachsen zusammen, in: BMWI
                          Report, Bonn 1995, S. 4 – 5

Hill, Jürgen	Secure Electronic Transaction soll Rechtssicherheit erhöhen, in: Computerwoche, Nr. 44 (1996), S. 5
Holtschneider, Henning, Storm, Ingo T.	Von Pipelines und Strohhalmen, in: C't, Heft 1 (1996), S. 114 – 122
Hosenfeld, Friedhelm, Brauer, Kai	Kommunikation ohne Grenzen, in: C't, Heft 12 (1995), S. 330 – 336
Hosenfeld, Friedhelm, Brauer, Kai	Next Generation, in: C't, Heft 1 (1996), S. 380 – 390
Hüskes, Ralf, Ehrmann, Stephan	Großer Auftritt, in: C't, Heft 3 (1997), S. 134 – 142
IDG Communications Verlag	Kryptografie: Gates und Grove bei Clinton, in: Computerwoche, Nr. 24 (1997), S.1
Kaufmann, André, Sieber, Pascal	Kommerzielle Internetnutzung in der Schweiz und in Deutschland, Bern 1996
Klute, Rainer	Sicherheit im World Wide Web, in: iX, Heft 12 (1995), URL: http://www.ix.de/ix/9512132/#1 (12.05.1997)
Köhntopp, Kristian, Köhntopp, Marit	So schützen Sie sich, in: FirstSurf – Computer & Net. o.O. 1996, URL: http://www.firstsurf.com/koehn2.htm (10.04.1997)
Kurzidim, Michael	Digitale Geschäfte, in: C't, Heft 3 (1997), S. 178 – 184
Kyas, Othmar	Sicherheit im Internet, Bergheim 1996
Lampe, Frank	Business im Internet, Braunschweig, Wiesbaden 1996
Lamprecht, Stephan	Marketing im Internet, Freiburg im Breisgau 1996

Lévy, Pierre,   Cyberkultur, in: Bollmann, Stefan, Heibach, Christiane
                                 (Hrsg.), Kursbuch Internet,
                                 Mannheim 1996, S. 55 – 81

Liu, Cricket, u.a.   Internet-Server: Einrichten und Verwalten,
                                 Bonn 1995

Lorenz-Meyer, Lorenz   Das Kreuz mit der Kryptografie, in: Spiegel Online,
                                 Nr. 3 (1997)
                                 URL: http://wwwspiegel.de/archiv/online/97/03/aktuell/
                                 sonv01.html (12.05.1997)

Luckhardt, Norbert   Qnf jne rvasnpu, tryy?, in: C't, Heft 12 (1996),
                                 S. 110 – 113

Manger, Roland   Sicherheit im Internet – Mehr als nur Hardware und
                                 Firewalls, in: Sonderdruck aus der Computerwoche-
                                 Studie Intranet, München o.J., S. 1 – 2

Mastercard International   Pressemitteilung Mastercard, Mastercard, Cuets and
(Hrsg.)   Sasktel launch secure Electronic Commerce Pilot, o.O.
                                 1997,
                                 URL: http://www.mastercard.com/press/970605a.html
                                 (19.06.1997)

Meffert, Heribert   Marketing, 7. überarbeitete und erweiterte Auflage,
                                 Nachdruck,
                                 Wiesbaden 1991

Mersch Online   Secure Electronic Transaction (SET),
                                 Frankfurt/Main 1997
                                 URL: http://www.mersch.de/research/xchange/set.htm
                                 (19.06.1997)

Meyer, Jan-Bernd   Viel Werbung und wenig Geschäft, in: Computerwoche,
                                 Nr. 49 (1996), S. 29 – 30

Meyer, Manfried   Verschlüsselung geht jeden an, in: PC Magazin DOS,
                                 April 1997, S. 228 – 230

Mocker, Helmut, Mocker, Ute	Intranet – Internet im betrieblichen Einsatz, Frechen-Königsdorf 1997
Möller, Ulf	Kryptografie: Rechtliche Situation, politische Diskussion, o.O. 1997 URL: http://www.thur.de/ulf/krypto/verbot.html (12.05.1997)
Mülder, Wilhelm, Weis, Hans-Christian	Computerintegriertes Marketing, Weis, Hans-Christian (Hrsg.), Modernes Marketing für Studium und Praxis, Ludwigshafen 1996
Müller-Scholz, Wolfgang	Internet in the Sky, in: Capital, Heft 3 (1997), S. 206 – 222
o.V.	Bundeskabinett segnet Entwurf für ein Multimedia- Gesetz ab, in: Computerwoche, Nr. 2 (1997), S. 20
o.V.	Datensicherheit/Selbstschutz der Unternehmen ist unverzichtbar, in: Computerwoche, Nr. 49 (1996), S. 81 – 83
o.V.	Deutsche Unternehmen im Internet: Eine empirische Untersuchung, in: Arbeitsbericht Nr. 71 des Instituts für Wirtschaftsinformatik der Universität Bern, Bern 1995
o.V.	Digitale Signatur, in: Stellungnahme des Fachver- bandes Informationstechnik im VDMA und ZVEI zum Signaturgesetz, o.O. o.J. URL: http://www.telesec.de/rechte.htm (07.05.1997)
o.V.	In welchen Medien ist Werbung am glaubwürdigsten, in: Hörzu, Heft 21 (1997), S. 22
o.V.	Unternehmen erhoffen sich von Internet-Anbindung Image-Gewinn, in: Computerwoche, Nr. 24 (1997), S. 25

o.V.   Zentral Denken, in: Client Server Computing, Nr. 6
                              (1997), S. 37 – 39

Ohst, Daniel   Rechtsprobleme des Internet – Vertrauliche Kommu-
                              nikation, Berlin 1996
                              URL: http://www2.rz.hu-berlin.de/~h0444saa/rdi/rdi.
                              html (12.05.1997)

Palass, Brigitta,   Total digital, in: Managermagazin, März 1997,
Preissner, Anne,   S. 117 – 155
Rieker, Jochen

Pelkmann, Thomas,   Business-Lösungen im Internet, Feldkirchen 1996
Freitag, Reinhild

Petersen, Dirk   Die Nadel im Heuhaufen, in: PC Praxis, Heft 5 (1996),
                              S. 136 – 138

Pfleiderer, Rolf,   Kommerzielle Internet-Nutzung der Großunternehmen,
Fugmann, Jürgen,   München 1997
Rosin, Matthias

Pötzsch, Jürgen,   Verschlußsache, in: PC DOS Magazin, April 1997,
Wasem-Gutensohn,   S. 254 – 257
Jürgen

Quack, Karin   Bedingung sind einheitliche Standards, in: Computer-
                              woche, Nr. 44 (1996), S. 44

Ranft, Sabine   Nutzung des Internet in Europa, in: Computerwoche,
                              Nr. 48 (1996), S. 25

Reif, Holger   Netz ohne Angst, in: C't, Heft 9 (1995), S. 174 – 183

Reif, Holger,   Cyber-Dollars, in: C't, Heft 5 (1996), S. 144 – 149
Kossel, Axel

Resch, Jörg   Marktplatz Internet,
                              Unterschleißheim 1996

Ritter, Andreas	Kommerzielle Einsatzbereiche des Internet, München 1996, URL: http://www.iuk.bwl.uni-muenchen.de/studium/seminar/seminar-ss96.html (07.05.1997)
SAP-AG (Hrsg.)	Geschäftsprozesse im Internet, Walldorf 1996, URL: http://www.sap-ag.com
SAP-AG (Hrsg.)	SAP Info Nr. 53 – 3/97, Geschäftsprozesse über das Internet, Walldorf 1997, URL: http://www.sap-ag.com
Schauecker, Renée	Unbarmherzig technischer Ausklang, in: Bollmann, Stefan, Heibach, Christiane (Hrsg.), Kursbuch Internet, Mannheim 1996, S. 480 – 509
Schwarz, Martin	Die Rechtslage der Kryptografie in der BRD, München 1996, URL: http://www.ifki50.informatik.fh-muenchen.de/~schwarz/inf/krypto/node4.html (12.05.1997)
Seeboerger-Weichsel-baum, Michael, Meyer, Manfried, Kehrhahn, Jobst-H.	Der Staat greift ein, in: PC Magazin DOS, März 1997, S. 64 – 68
Siyan, Karanjit, Hare, Chris	Internet Firewalls & Netzwerksicherheit, Haar bei München 1995
Sommergut, Wolfgang	Tendenz zur Spezialisierung der Dienste, in: Computerwoche, Nr. 32 (1996), S. 17 – 18
Stroemer, Tobias H.	Recht-zeitig geprüft, in: C't, Heft 7 (1996), S. 212 - 216
Teufel, Tim, u.a.	Windows 95 Technik Guide, Düsseldorf 1996
Weis, Rüdiger, Meyer, Manfried	Mit ihrem Namen bezahlen, in: PC Magazin DOS, April 1997, S. 232 – 236

Werner, Andreas,   Marketing Instrument Internet, Heidelberg 1997
Stephan, Ronald

Yahoo-Deutschland   Yahoo Deutschland – Inserationspreise
(Hrsg.)   URL: http://mailhost.europe.yahoo.com/anzeigen/
preise.html (14.07.1997)

Wissensquellen gewinnbringend nutzen

Qualität, Praxisrelevanz und Aktualität zeichnen unsere Studien aus. Wir bieten Ihnen im Auftrag unserer Autorinnen und Autoren Wirtschafts-studien und wissenschaftliche Abschlussarbeiten – Dissertationen, Diplomarbeiten, Magisterarbeiten, Staatsexamensarbeiten und Studien-arbeiten zum Kauf. Sie wurden an deutschen Universitäten, Fachhoch-schulen, Akademien oder vergleichbaren Institutionen der Europäischen Union geschrieben. Der Notendurchschnitt liegt bei 1,5.

Wettbewerbsvorteile verschaffen – Vergleichen Sie den Preis unserer Studien mit den Honoraren externer Berater. Um dieses Wissen selbst zusammenzutragen, müssten Sie viel Zeit und Geld aufbringen.

http://www.diplom.de bietet Ihnen unser vollständiges Lieferprogramm mit mehreren tausend Studien im Internet. Neben dem Online-Katalog und der Online-Suchmaschine für Ihre Recherche steht Ihnen auch eine Online-Bestellfunktion zur Verfügung. Inhaltliche Zusammenfassungen und Inhaltsverzeichnisse zu jeder Studie sind im Internet einsehbar.

Individueller Service – Gerne senden wir Ihnen auch unseren Papier-katalog zu. Bitte fordern Sie Ihr individuelles Exemplar bei uns an. Für Fragen, Anregungen und individuelle Anfragen stehen wir Ihnen gerne zur Verfügung. Wir freuen uns auf eine gute Zusammenarbeit.

Ihr Team der Diplomarbeiten Agentur

Diplomica GmbH
Hermannstal 119k
22119 Hamburg

Fon: 040 / 655 99 20
Fax: 040 / 655 99 222

agentur@diplom.de
www.diplom.de